Kirchisch für normale Menschen

Kirchisch
für normale Menschen

mit P. Reinhard Körner

benno

Bibliografische Information der Deutschen Nationalbibliothek
Die Deutsche Nationalbibliothek verzeichnet diese Publikation
in der Deutschen Nationalbibliografie;
detaillierte bibliografische Daten sind im Internet über
http://dnb.d-nb.de abrufbar.

Besuchen Sie uns im Internet unter:
www.st-benno.de

Gern informieren wir Sie unverbindlich und aktuell auch
in unserem Newsletter zum Verlagsprogramm, zu Neu-
erscheinungen und Aktionen. Einfach anmelden unter
www.st-benno.de (newsletter@st-benno.de).

ISBN 978-3-7462-3475-5

© St. Benno-Verlag GmbH
Stammerstr. 11, 04159 Leipzig
Umschlaggestaltung: Ulrike Vetter, Leipzig
Umschlagabbildung: Werner Tiki Küstenmacher: Was bedeutet
dieser Fisch? © 2007 SCM R.Brockhaus im SCM-Verlag GmbH &
Co. KG, Witten
Gesamtherstellung: Kontext, Lemsel (A)

INHALT

Für normale Menschen 7

die Vokabel Gott 13

was glauben bedeutet 25

die Vokabel beten 36

noch einmal Gott 37

Liebe 44

das Wort hören 56

Bibel auf Normaldeutsch 67

Christus, das ist mehr als ein Name 76

das kirchische Wort Nächstenliebe   85

ewiges Leben übersetzt   90

das Kreuz, an dem Jesus hängt   98

Dreifaltigkeit – eine schwierige Vokabel   103

nur zwei Buchstaben   111

– wie gesagt, für normale Menschen. Wen ich damit meine? Nun, so genau festlegen will ich mich da nicht. Studenten der Universität Erfurt befragten einmal am Leipziger Hauptbahnhof die Passanten, ob sie einer Kirche oder Religionsgemeinschaft angehören; darauf antworteten manche: „Nein, ich bin normal." Solche Menschen meine ich, solche ungefähr. In Leipzig, Erfurt und anderswo gehören sie ganz unbestritten einer klaren Mehrheit an. Und natürlich meine ich Sie – ganz gleich, für wie normal Sie selbst sich halten.

Ich weiß, Kirchisch ist eigentlich nichts für Sie. Es gibt weiß Gott genügend fremde Sprachen, die normale Menschen lieber lernen. Kirchisch klingt viel zu antiquiert und abgehoben, als dass es Lust auf Lernen machen würde, und die Leute, die es fließend sprechen, geklei det in die dazu passenden Gewänder, wirken auch nicht immer so, als seien sie von dieser Welt. Das weiß ich alles, klar. Aber ich sage ja auch nicht, dass Sie Kirchisch aktiv sprechen lernen sollen! Ich bin nur der Meinung, dass Sie es verstehen sollten, ein bisschen wenigstens. Aus mindestens zwei Gründen:

Erstens sind wir alle doch Menschen! Vor allem und zuallererst Menschen! Wenn auch mit unterschiedlichen Lebenseinstellungen. Und da muss man schon wissen, wie der andere denkt und was ihm wichtig ist. Wie sollen wir denn sonst zusammenleben können auf diesem Planeten und in diesem Land, in Würde und in Frieden!

Zweitens kann man ja von dem, was ein anderer denkt und sagt, immer auch noch irgendetwas für das eigene Leben lernen. Zum Beispiel als normaler Mensch von einem Christenmenschen. Und andersherum sowieso.

Das Problem ist nur, dass Kirchisch ziemlich schwer verständlich ist. Sowohl wegen der Vokabeln als auch wegen der Grammatik. Kirchisch spricht man nun mal nicht erst heute, und wie so manches in der Kirche, hinkt auch ihre Sprache der Zeit gern etwas hinterher. Ganz abgesehen von den leer gewordenen Wörtern und den Floskeln ... Oder wissen Sie, was zum Beispiel einer meint, wenn er „Grüß Gott!" zu Ihnen sagt? Ich weiß, ehrlich gesagt, nicht immer so genau, wer da wen grüßt oder grüßen soll. Klar, ein Mensch wie Sie versteht sich in diesem Falle schon zu helfen. Wie unsere Bäckersfrau hier, wo ich wohne, am Stadtrand von Berlin: Als ein Mann ihren Laden betrat und in schönstem Bayerisch laut „Grüß Gott!" rief über die schlangestehende Kundschaft hinweg, antwortete sie vom Ladentisch her ebenso laut: „Mach ick! Mach ick dann ooch noch!" Wo ein Wille ist, da ist eben auch ein Weg! Da klappt das schon mit der Verständigung zwischen normalen und kirchischsprachigen Menschen. Selbst ohne besondere Kirchischkenntnisse. Und trotzdem: Schaden kann es nie, die eine oder andere Vokabel zu kennen – immerhin lässt die Verständigung sich ja noch vertiefen …

Also dachte ich mir, ich könnte doch mal etwas fürs Gemeinwohl tun und ein paar Kirchischvokabeln für Sie übersetzen. Die wichtigsten wenigstens. Dann wissen Sie zumindest, worum es geht, wenn Sie Kirchisch reden hören, nicht nur im Bäckerladen, sondern auch sonntags im Radio zum Beispiel oder wenn Sie mal zu einer kirchlichen Trauung eingeladen sind. Und im Übrigen: Denken Sie bloß nicht, dass wir, die wir Kirchisch regelmäßig hören, sprechen oder singen, die Wörter und Satzgebilde dieser alten Sprache selber immer gleich verstehen! Dem ist durchaus nicht so. Auch wir haben mit dem Kirchischen unsere Probleme. Das ist ja einer der Gründe, warum so mancher Kirchgänger das Kirchegehen irgendwann aufgibt, den Weihnachtsgottesdienst mal ausgenommen; oder warum heutzutage viele von uns dichtmachen in den Kirchenbänken, um lieber den eigenen Gedanken nachzugehen und sich nicht ärgern zu müssen über das, was „der da vorn" redet. Es ist daher nicht auszuschließen, dass sich sogar normale Christenmenschen für eine solche Übersetzung interessieren werden. Freireligiöse vielleicht auch. Der Aufwand dürfte sich also lohnen.

Ich persönlich hatte das Glück, zweisprachig aufzuwachsen – eine brauchbare Grundlage für mein Vorhaben, denke ich. Nicht weit entfernt von Leipzig geboren, waren schon in meiner Kindheit die meisten Menschen um mich herum normal. Das hat natürlich abgefärbt, irgendwie. Genauso ist mir das Kirchische von klein auf vertraut. Es wurde in den Gottesdiensten unserer katholischen Kirchengemeinde gesprochen und in einem etwas anderen Dialekt auch in der evangelischen Gemeinde. Dieses Leben in zwei verschiedenen Sprachwelten brachte es mit sich, dass ich mir schon frühzeitig für meinen eigenen Kopf das Kirchische ins Normale und das Normale ins Kirchische übersetzen musste. Wie hätte ich denn sonst in meinem Herzen klarkommen sollen mit der Welt! Und als ich dann später in Erfurt Theologie und Philosophie studierte – was in diesen Fächern gelehrt wird, darauf werde ich noch zu sprechen kommen –, da hat mir das sehr geholfen, einigermaßen dahinterzusteigen, warum der Wortschatz und vor allem die Grammatik in beiden Sprachen so verschieden sind.

Doch genug der Vorrede, ich fange einfach an. Das Erste, was ich Ihnen aus dem Kirchischen übersetzen möchte, ist

DIE VOKABEL GOTT

– weil sie im Kirchischen die allerwichtigste ist. Und weil sie uns sogar verbindet, Sie zum Beispiel und zum Beispiel mich. Denn sehen Sie, wenn Sie sagen „Ich glaube nicht an Gott" und ich sage „Ich glaube an Gott", dann benutzen wir beide die Vokabel Gott. Das hängt damit zusammen, dass es sie schon gab, längst bevor es normale und kirchischsprachige Menschen gab. Das Wort Gott scheint so alt zu sein wie die Menschheit, zumindest was unsere Gattung, den homo sapiens sapiens betrifft, und es gehört bis heute – ob auf Russisch, Englisch, Deutsch, Japanisch oder Suaheli – zum Grundwortschatz jeder Sprache, der meisten andersreligiösen Sprachen natürlich auch. Klammer auf: Normale Menschen und Christenmenschen machen zusammengenommen unter den derzeit sieben Milliarden

Erdenbewohnern ja nicht einmal ein Drittel aus, Klammer zu. Deshalb kommen wir gar nicht drum herum, die Vokabel Gott zu benutzen, Sie nicht und ich nicht. Jedenfalls nicht, wenn wir hierzulande jemandem näher erläutern wollen, warum wir normal sind oder warum nicht. – Sie meinen, dann bräuchte ich sie Ihnen doch gar nicht erst zu übersetzen?

Nun, dann fragen Sie mal zehn Menschen, was sie unter Gott verstehen, von mir aus fünf normale und fünf andere: Sie werden mit ziemlicher Sicherheit zehn verschiedene Antworten bekommen ...

Sie sehen, gar nichts ist klar, wenn es um die Vokabel Gott geht! Deshalb kann es durchaus nützlich sein, zu wissen, was Christenmenschen meinen, wenn sie „Gott" sagen. Gut, auch unter zehn Christen kann die Antwort sehr unterschiedlich sein. Aber ich will Ihnen ja nicht sagen, was zehn verschiedene Christen über Gott denken, sondern was die Vokabel Gott grundsätzlich und überhaupt im christlichen Glauben bedeutet – im Hochkirchischen gewissermaßen.

Dazu muss ich allerdings ein wenig ausholen und auf den nächsten vier/fünf Seiten auch ein kleines bisschen philosophisch reden. Mit der Vokabel Gott verhält es sich nämlich so:

Alle Wörter, die wir Menschen benutzen, bezeichnen etwas, irgendetwas. Dinge vor allem oder Tätigkeiten oder Ereignisse oder ... – klar. Bei dem Wort Gott ist das anders. Mit Gott meint das Kirchische – das Hochkirchische! – nichts, was irgendwo und irgendwie vorkommt in der Welt. Sie können das ganze Universum durchforsten und meinetwegen das Multiversum noch dazu: Sie werden dort nichts finden, was man hochkirchisch mit dem Wort Gott benennen würde, weder in den makrokosmischen noch in den mikrokosmischen Gefilden noch sonst wo in der Daseinswelt, absolut nichts. – Wofür aber steht dann die Vokabel Gott? Im Hochkirchischen, wie gesagt.

Für eine Realität ganz anderer Art. Für eine Art von Realität, die auch in der Philosophensprache eine wichtige Rolle spielt, denn die Philosophensprache hat mit dem Hochkirchischen vieles gemeinsam – weshalb man eben als Theologiestudent Philosophie gleich mitstudiert. Philosophen, das sind ja Leute, die sich nichts vormachen wollen und sich mit ihrer Vernunft allem öffnen, was irgendwie dazugehört zur Wirklichkeit. Vollblutphilosophen meine ich, nicht irgendwelche Hofgelehrte und Partei-Ideologen. Vernunft, sagen sie, kommt von vernehmen: vorurteilsfrei alles vernehmen, was sich vernehmen lässt, damit man die Wirklichkeit nicht von vornherein eingrenzt – was ja auch ziemlich unvernünftig wäre. Und das ist eine Grundhaltung, die auch die Leute haben, die hochkirchisch denken. Leute wie Sie, die echt normal denken, haben diese Haltung sowieso. Wieder etwas, was uns verbindet! – Also, wofür steht dann die Vokabel Gott?

Für eine Realität, die auch Sie kennen. Sie können sie jedenfalls kennen. Sie kann einem bewusst werden, innen im Herzen und im Verstand, wenn einen das Staunen überkommt. Wenn man zum Beispiel mal daran denkt, welch ein kosmischer Glücksfall unser Planet Erde ist: ein kleines bisschen schwerer oder leichter, ein kleines bisschen gerader in der Achslage oder schräger, ein ganz kleines bisschen näher oder ferner zur Sonne, und es hätte kein Leben entstehen können! Menschen schon gar nicht – Sie nicht, ich nicht und Ihr liebster Mensch auch nicht; ja, nicht einmal Ihr Tier. Wenn man sich das mal klarmacht, kann einen doch wirklich nur das große Staunen überkommen! Und ähnliche Anlässe zum Staunen gibt es zuhauf, gerade heute, im Zeitalter der rasant voranschreitenden Naturwissenschaft! Dass das menschliche Gehirn entstehen konnte – wieder nur ein Beispiel –, das noch weit komplexer als das gesamte Universum aufgebaut ist, bei normalen wie bei anderen Menschen, darüber kann man doch nur staunen! Oder mal ganz persönlich gedacht: Dass es mich gibt, gerade mich – mit „mich" meine ich Sie wie auch mich –, dass also genau das Spermium unter den 500 Millionen Spermien zuerst die Eizelle meiner Mutter erreicht hat, durch das ich, genau ich entstehen konnte, ist das nicht zum Staunen? Und überhaupt: dass es das Dasein gibt und nicht nicht gibt ..., dass es überhaupt etwas gibt und nicht nichts ...

Wenn einen ein solches Staunen überkommt, dann macht man eine Erfahrung. Eine Staun-Erfahrung eben. Und wenn man mit dem Staunen dann nicht einfach schnell wieder aufhört, weil gleich ein neuer „Tatort" oder so im Fernseher kommt, dann steht da vor einem diese Realität ganz anderer Art. Man sieht sich vor eine Wirklichkeit gestellt, die größer ist als alles, was einem sonst als Wirklichkeit begegnet. Man weiß dann, ohne recht zu wissen, wie man es weiß: Da muss noch etwas sein, was „hinter" allem Dasein ist und „hinter" all den zufälligen Zufällen; etwas, das alles Dasein überhaupt erst möglich macht; etwas, das nicht zu unserer Daseinswelt gehört, dem sich aber unsere gesamte Daseinswelt im Letzten verdankt ...

Diese Realität ganz anderer Art, dieses staunend erahnte Große hinter aller Wirklichkeit, nennen die Gelehrten unter den Philosophen

„transzendente Wirklichkeit", „absolutes Sein"
oder „Urgrund allen Seins", manche auch „das
große Geheimnis hinter allem Sein". Aber Sie
merken schon: Das sind nur Begriffe, und
mit Begriffen allein kann man nicht viel an-
fangen, weder als normaler Mensch noch als
Christenmensch. Ein Begriff, erst recht ein
hochgelehrt formulierter Begriff, sagt einem
nur dann etwas, wenn man damit umgeht
wie mit einem Fenster: Man muss hindurch-
schauen auf das, was drinnen oder draußen
hinter den Fensterscheiben ist. Ein jüdischer
Philosoph, namens Martin Buber, hat das mal
so ausgedrückt: „Ich habe keine Lehre, ich zeige nur etwas. Ich zeige Wirklichkeit, ich zeige
etwas an der Wirklichkeit, was nicht oder zu
wenig gesehen worden ist. Ich nehme ihn, der
mir zuhört, an der Hand und führe ihn zum
Fenster. Ich stoße das Fenster auf und weise
hinaus. Ich zeige Wirklichkeit ..."

Jedenfalls: Dieser „Urgrund" von allem – Achtung, jetzt sind wir mit der Übersetzung der ersten Vokabel schon an einem entscheidenden Punkt angelangt! –, also dieses Große hinter allem, das ist im Hochkirchischen mit Gott gemeint.

Geduld, Geduld, Sie haben ja recht! Selbstverständlich lässt sich nicht beweisen, dass das „große Geheimnis hinter allem" *Gott* ist, also das „höhere Wesen", an das Christenmenschen und andere religiöse Menschen glauben; es könnte schließlich irgend sonst was sein! Ich wollte Ihnen fürs Erste ja auch nur sagen, dass die Vokabel Gott etwas mit dem Staunen zu tun hat. Oder anders gesagt: mit dem Vernehmen, denn staunen ist eine Form von vernehmen, also von Vernunft. Durch das Staunen ist das Wort Gott überhaupt erst in die Welt gekommen, natürlich in Zeiten bereits, in denen man auch ohne Teleskope und

Computertomographen schon staunen konnte. Und außerdem wollte ich Ihnen sagen, dass im Kirchischen mit Gott selbstverständlich kein alter, weißbärtiger Mann gemeint ist, der auf Wolke Siebzehn thront da oben im Himmel – was Sie als normaler Mensch sowieso nie glauben würden; auch nicht die „alles umfassende Energie", die manche für Gott halten, sei sie Welle oder Teilchen; auch nicht das unteilbare Teilchen aller Teilchen, nach dem sie im Schweizer CERN gerade suchen und das manche Leute schon ganz nervös und ungeduldig das „Gottes-Teilchen" nennen; auch nicht irgendetwas sonst aus unserer Daseinswelt vor, nach oder neben dem Urknall damals vor 13,7 Milliarden Jahren. Absolut nichts davon ist im Hochkirchischen – wie auch im Philosophischen – mit der Vokabel Gott gemeint.

Ich bin überzeugt, das mit dem Staunen, das können Sie mitvollziehen. Schließlich haben Sie ein Gehirn, das zu mehr fähig ist als nur zum Entwickeln von Überlebensstrategien im krisengeschüttelten Kapitalismus. Selbst ein Albert Einstein, der Strategien und Theorien entwickeln konnte, auf die unsereins nie kommen würde, wusste sehr genau: „Das Schönste, was wir erleben können, ist das Geheimnisvolle. Es ist das Grundgefühl, das an der Wiege von wahrer Kunst und Wissenschaft steht. Wer es nicht kennt und sich nicht wundern, nicht mehr staunen kann, der ist sozusagen tot und sein Auge erloschen." Und normale Menschen sind ja nun alles andere als tot. Staunen also, spüren und ahnen, dass da ein Großes, ein Geheimnisvolles da sein muss, ein „Mehr" hinter allem Sein – das kann Sie genauso überkommen wie zum Beispiel mich oder andere Leute.

Und das mit dem „Urgrund" und dem „großen Geheimnis" können Sie ebenfalls mitvollziehen. Wer normal denken kann mit seinem Verstand, der kommt schon ganz von selbst auf den Gedanken, dass nicht nur hinter jedem noch so simplen Geschehen in der Welt, sondern auch hinter allem Dasein überhaupt eine Ursache stecken muss, also ein letzter Grund. Wir sind ja nicht denkfaul, Sie nicht und nachdenkliche Christenmenschen auch nicht.

Aber: Ist dieser letzte Grund, auf den wir da schließen – ist das Gott, also ein „höheres", göttliches Wesen?

„Dass es einen Gott gibt, das wissen Sie doch nicht! Das glauben Sie doch nur!", wollen Sie sagen, ich weiß. Auch damit haben Sie ja recht. Doch Vorsicht! Es ist in diesem Fall nicht auszuschließen, dass Sie unter „glauben" etwas anderes verstehen als ich. Selbst unter Christenmenschen hat das Wort glauben schon zu argen Missverständnissen und dadurch zu beträchtlichen Glaubensunterschieden geführt. Wirklich! Bevor ich also mit Ja oder Nein antworte und dann die Vokabel Gott weiterübersetze – ich bin ja damit noch nicht fertig –, muss ich erst einmal erläutern,

WAS GLAUBEN BEDEUTET

im Kirchischen. Ein schwieriges Wort, aber es gibt auch da wieder ein paar Gemeinsamkeiten zwischen dem Normaldeutschen und dem Kirchischen. Deshalb zuerst der leichtere Teil:

Wenn Sie zum Beispiel sagen „Ich glaube, dass unsere Erde von UFOs besucht wurde" – ich glaube zwar nicht, dass Sie das glauben (gerade Sie!), aber mal angenommen, Sie würden es glauben –, dann meinen Sie damit, dass Sie das vermuten oder annehmen; Sie wissen es ja nicht, und es ist ja nicht bewiesen. Das Wort glauben bedeutet in diesem Fall also so

viel wie: nicht wissen, aber vermuten; es annehmen. Diese Bedeutung von glauben gibt es
im Kirchischen auch, da brauchen Sie erst einmal gar nichts Neues dazuzulernen.

Wenn nämlich einer sagt „Ich glaube, dass
es Gott gibt", dann bedeutet die Vokabel glauben ungefähr das Gleiche wie in Ihrem UFO-
Satz, also so viel wie: Ich weiß nicht, dass es
Gott gibt, aber ich vermute es, ich nehme es an.
Klar, glauben hat noch andere Bedeutungen in
der Sprache der Christenmenschen, ich komme gleich darauf zu sprechen. Aber erst einmal trifft das voll zu. Es kann auch gar nicht
anders sein, denn *wissen*, wie gesagt, kann
man ja nur etwas, was zu unserer Daseinswelt
gehört, und Gott gehört eben nicht zu unserer Daseinswelt. Sonst wäre er nicht Gott, also
nicht der Urgrund, der das Dasein der gesamten Daseinswelt erst möglich macht. Genauso
ist es mit dem Beweisen. Ein Gott, der sich

beweisen ließe, wäre nicht Gott, sondern irgendein Etwas, dem die Naturwissenschaftler schon irgendwann noch auf die Schliche kommen würden, und dann hätten wir den Salat: Peng! – aus wär's mit dem kirchischsprachigen Teil der Menschheit; von ein paar Altphilologen abgesehen.

Auf Ihren Einwand kann ich also wirklich nur antworten: Sie haben recht. Dass es einen Gott gibt, das weiß ich nicht, sondern das glaube ich. Ich bin nämlich kein Idiot!

Wie ich jetzt auf den Idioten komme? Den habe ich von einem Philosophen. Er ist Franzose, heißt André Comte-Sponville, ist etwa mein Jahrgang, war mal Christ und hat sich dann entschieden, als Atheist weiterzuleben. Staunen, das kann er auch, denn er ist ein Philosoph von der echten Sorte, einer vom Schlage des alten Aristoteles, der schon damals, 350 Jahre vor unserer Zeitrechnung, gesagt hat: „Staunen veranlasste zuerst – wie noch heute – die Menschen zum Philosophieren." Vollblutphilosophen sind so. Die können staunen. Mit stockendem Atem geradezu! Und sie staunen, *bevor* sie drauflos philosophieren. Denn was sie da staunend er-ahnen und vernehmen, war früher da als das Nachdenken darüber, was es sei! Aber sie denken eben nach. Dieser Franzose auch, und des-halb deutet auch er, genauso wie ein normaler Christenmensch, das im Staunen vernomme-ne Große als das „große Geheimnis hinter al-lem", als den „Urgrund allen Seins". Er weiß, er würde seinem Verstand – völlig gegen sei-nen Verstand – Grenzen setzen, wenn er diese Schlussfolgerung nicht zuließe. Allerdings, das vernommene Große, das er genauso staunend „spürt" wie ich, *Gott* nennen – das will er nicht; und interessant ist sein Kommentar dazu: „Ich habe keine Beweise", schreibt er in einem sei-ner vielen Bücher, „niemand hat welche. Aber ich habe eine bestimmte Anzahl von Gründen und Argumenten, die mir stärker erscheinen als jene, die für das Gegenteil sprechen ... Ich behaupte nicht, zu wissen, dass Gott nicht existiert; ich glaube, dass er nicht existiert." Merken Sie? Dieser Mensch, den man ja, auch wenn er nicht aus der Leipziger Gegend stammt, zu den normalen Menschen zählen muss, dieser Mensch benutzt das Wort glauben haargenau so wie zum Beispiel ich. Beide sind wir glaubende Menschen. Nochmal er: „Ich bin Atheist. Aber das ist für mich keine wissenschaftliche, absolut sichere Erkenntnis, sondern eben auch ein Glaube. Als Philosoph kann ich nur sagen: Ich glaube, dass Gott nicht existiert." – Und nun kommt's, das mit dem Idioten:

Dieser normale Mensch schreibt doch ganz unverhohlen: „Wenn Sie jemanden treffen, der behauptet: ‚Ich weiß, dass Gott nicht existiert', ist das kein Atheist, sondern ein Idiot." Sehen

Sie, und deshalb, allein deshalb schon würde doch auch ich, ein Mensch, der daran glaubt, dass Gott existiert, und der sich bemüht, hochkirchisch zu denken, niemals sagen: „Ich *weiß*, dass Gott existiert" ... Man muss schon die Kirche im Dorf lassen, das ist mir genauso klar wie ihm!

Weiter. Das Wort glauben bedeutet natürlich nicht nur vermuten oder so. Wenn unser Philosoph von sich sagt, er „glaube", dass Gott nicht existiert, dann sagt er nicht nur mal so dahin: „Es kann ja sein, dass Gott nicht existiert." Dann meint er vielmehr: „Ich *baue darauf*, dass Gott nicht existiert." Und im Kirchischen ist das wieder ganz genauso, bloß ohne „nicht" hinter dem Wort Gott.

Gemeinsam ist dem kirchischsprachigen und dem normalen Menschen auch, dass sie beide für dieses „Ich baue darauf" plausible Argumente und gut durchdachte Gründe haben. Wo käme man auch hin, wenn man das Haus seines Lebens ohne Verstand bauen würde! Falls Sie also bisher glaubten – was ich Ihnen um Gottes willen nicht unterstellen möchte! –, glauben bedeute bei gläubigen Menschen unvernünftig denken oder ohne Verstand denken oder gar gar nicht denken, dann hätten Sie glauben mit Leichtgläubigkeit oder mit Aberglaube verwechselt! Diese Glaubens-Arten gibt es natürlich auch, unter normalen Menschen wie unter kirchischsprachigen, aber ins Hochkirchische gehören sie nicht. Wer daran glaubt, dass Gott existiert, der gibt an der Kirchentür seinen Verstand nicht ab.

Doch, Achtung! Wenn einer sagt, er habe gute Gründe, darauf zu bauen, dass Gott existiert bzw. nicht existiert, dann ist damit keineswegs gemeint – in beiden Fällen nicht –, dass er sich dessen hundertprozentig sicher ist.

Dann würde er ja seine „bestimmte Anzahl von Gründen und Argumenten" für Beweise halten, folglich also doch meinen, er wisse es. Und dann wäre er immer noch ein Idi... – Sie wissen schon. Und solche Leute sind nicht selten die besonders gefährlichen unter den Idioten! Die fühlen sich nämlich als so etwas wie die bessere Spezies des homo sapiens sapiens, und wer nicht die gleiche „Überzeugung" hat wie sie, den betrachten sie als gar nicht so richtigen vollwertigen Menschen; einige haben sogar noch weit Schlimmeres drauf. Sie kennen das ja von manchen kirchischsprachigen Leuten. Und wir Christen kennen das von anderen Leuten auch! Ich denke nicht, dass das normal ist.

So, und nun kommt, was die Vokabel glauben angeht, der schwierigere Teil. Denn nun geht's um die Grammatik. Grammatik, Sie wissen, hat es mit der Frage zu tun, wie die Wörter innerhalb eines Satzes gebraucht werden, und das ist eine Wissenschaft für sich.

Der Satz „Ich glaube, *dass es Gott gibt*" ist sicherlich – jedenfalls wenn man ihn ein wenig erläutert bekommt – jedem Menschen noch irgendwie verständlich; auch wenn man, zum Beispiel als normaler Mensch, diesen Glauben nicht teilt. Aber wenn ein Christenmensch sagt: „Ich glaube *an Gott*", wenn er also das Wort glauben und das Wort Gott grammatisch mit dem kleinen Verhältniswort „an" verbindet, dann muss man sehr genau hinhören, was er meint. Der Satz „Ich glaube, dass es Gott gibt" und der Satz „Ich glaube an Gott" sind nämlich nicht einfach ein und dasselbe. „Ich glaube an Gott" bedeutet im Kirchischen, jedenfalls im Hochkirchischen, weit mehr als nur „Ich vermute, dass Gott existiert" und „Ich baue darauf, dass es Gott gibt". „Ich glaube an Gott", das bedeutet: *Ich wende mich zu Gott hin, aus dem Herzen heraus.*

Ich kann Ihnen das, wenn Sie wollen, auch aus der lateinischen Grammatik herleiten. Jahrhundertelang wurde ja früher Kirchisch auf Latein gesprochen, und auf Latein heißt „Ich glaube an Gott": Credo in Deum. Deum ist der vierte Fall von Deus. Deus heißt Gott. Und credo ist die Ich-Form von credere. Das Wort credere war im Sprachempfinden der Menschen, die in den ersten Jahrhunderten des Christentums Latein noch als Muttersprache sprachen, ein zusammengenuscheltes „cor dare", zu deutsch: „das Herz geben". Und das kleine Wörtchen „in" zwischen credo und Deum bedeutet, wenn es, wie hier, grammatisch einem Wort zugeordnet ist, das im vierten Fall steht (hier also Deum): „zu etwas/zu jemandem hin". Und nun der ganze Satz – so, wie er bei den muttersprachlich lateinischsprachigen Christen ursprünglich gemeint war: *Ich gebe das Herz zu Gott hin.* Oder eben ein bisschen deutscher ausgedrückt: Ich wende mich zu Gott hin, aus dem Herzen heraus. Das ist mit „Ich glaube an Gott" gemeint.

Und das sagt ein Christenmensch nicht einfach nur so, das tut er auch. Auf Kirchisch nennen wir das *beten*. Klammer auf: Es gibt Leute, die tun es öfter, und natürlich auch Leute, die tun es nur, wenn ihnen mal das Wasser bis zum Halse steht, Klammer zu. Jedenfalls: Auch beten ist eine Vokabel, die Sie kennen sollten. Sie gehört zum Grundwortschatz im Kirchischen. Im Jüdischen, im Islamischen und in manchen anderen religiösen Sprachen selbstverständlich auch. Man kann sogar sagen, für gottgläubige Menschen gehören die Vokabel glauben und zusammen wie Theorie und Praxis: „Ich wende mich zu Gott hin" sagen, ist das eine; es tun, ist das andere – und das geht dann so:

Ich spreche Gott an. Ich sage zu Gott: „Du, Gott, ich möchte dir sagen, dass ..." oder „Gott, du bist für mich ..." oder auch „Gott, ich bitte dich ..." und „Gott, ich danke dir, dass ...", mal mit eigenen Worten, mal mit Worten aus einem Gebetbuch; wie gesagt: immer aus dem Herzen heraus.

Was die Vokabel beten bedeutet, habe ich Ihnen damit schon erklärt. Ein bisschen wenigstens. Ich werde aber gleich noch einmal darauf zu sprechen kommen, wahrscheinlich sogar noch öfter. Denn – ich bin ganz ehrlich zu Ihnen – um verstehen zu können, was die Vokabel beten meint und was in einem gottgläubigen Menschen vorgeht, wenn er betet, braucht es für einen normalen Menschen schon eine gute Portion Einfühlungsvermögen ... Aber keine Sorge! Sie schaffen das. Wäre ich davon nicht überzeugt, hätte ich mit meiner Übersetzungsarbeit erst gar nicht angefangen. Ich will Ihnen ja Kirchisch nicht nur als bloße Theorie verständlich machen, sondern auch als Praxis.

Zunächst aber wieder zurück zur Vokabel Gott. Mit dem Übersetzen dieses Wortes war ich ja noch nicht fertig geworden. Also,

NOCH EINMAL GOTT

– die Fortsetzung. Die Vokabel Gott entsteht beim Staunen, so hatten wir uns klargemacht, und beim damit verbundenen Nachdenken natürlich. Das war früher so, und das ist heute so. „Da muss doch noch etwas Größeres sein hinter allem!", so spürt und ahnt und denkt der Staunende. Dieses

„große Geheimnis hinter allem", diesen „Urgrund allen Seins" nennen Menschen von alters her Gott. So weit waren wir.

Doch was meinen Christenmenschen nun genauer mit Gott? Wie stellen sie sich dieses „höhere göttliche Wesen" vor? – Das zu wissen, ist sehr wichtig für Sie. Vor allem, wie gesagt, wenn Sie verstehen wollen, was in einem Menschen vorgeht, der sich Gott zuwendet, aus dem Herzen heraus.

Darauf zu antworten, ist nicht ganz einfach für mich. Den Grund nannte ich Ihnen schon: Weil es so gut wie unmöglich ist, sich eine Vorstellung von Gott zu machen, und weil es keine Wörter gibt, mit denen man Gott beschreiben könnte. Manche gottgläubige Menschen sagen ja, es gäbe hundert Wörter oder Namen oder Bezeichnungen für Gott. Nun, vielleicht gibt es auch tausend, aber selbst die tausend sind, ganz ehrlich gesagt, nichts als ein armseliges Gestammel. Denn sobald man sich von Gott eine Vorstellung gemacht hat und ihn mit ein paar Wörtern beschrieben hat, muss man gleich dazudenken, dass er eigentlich noch viel mehr und noch viel größer ist und, überhaupt, noch ganz anders ... Klar, weil Gott eben nicht ein Ding oder sonst irgendein Etwas aus unserer Daseinswelt ist.

Eines, so denken wir Christenmenschen, können wir aber auf jeden Fall sagen; ich formuliere es mal wieder ein bisschen philosophisch: Wenn mit Gott der Urgrund allen Seins gemeint ist, dann kann Gott nicht von geringerer Seinsart sein als das Sein, das sich diesem Urgrund-Gott verdankt; also nicht von kleinerer Daseinsart als die höchstentwickelte Daseinsart, die wir in unserer Daseinswelt kennen – nicht kleiner und geringer als der geistbegabte Mensch. Und das heißt, ins Normaldeutsche übersetzt:

Gott muss Bewusstsein haben. Er muss von sich „Ich" und zu mir „Du" sagen können. Er muss Gefühl, Vernunft, Verstand und Wille haben. Er muss denken und fühlen und vernehmen und etwas bewusst wollen und tun können. Das alles freilich viel mehr und noch ganz anders, als Menschen es können. Aber eben nicht weniger. Gott muss mindestens die „Größe" haben, die wir Menschen haben. Kleiner von ihm denken, hieße, beim Wort Gott nicht den Urgrund allen Seins vor Augen zu haben. Gott kann nicht weniger sein, sagen die philosophischsprachigen Theologen in ihrem Fachjargon, als ein „personaler", ein *personhafter* Gott. Personhaft auf geistige Art natürlich, nicht körperlich.

Und wenn ich so von Gott denke, dann kann ich ihn auch anreden. Das ist der Grund, warum gottgläubige Menschen zu Gott „du, Gott" sagen – womit wir wieder bei der Vokabel beten sind. Ein weiterer Grund kommt noch hinzu:

Wenn Gott der „Urgrund" unserer gesamten Daseinswelt ist, dann ist er zwar nicht Teil unserer Daseinswelt, aber auch nicht irgendwo außerhalb unserer Daseinswelt. An ein „außerhalb" denken, hieße ja, von Gott räumlich denken – aber Raum, ebenso wie Zeit, ist eine Erscheinungsform unserer Daseinswelt, nicht der Daseinsart des Urgrunds von allem. Gott muss, so sagen wir auf Kirchisch, *allgegenwärtig* sein. Übersetzt in die Normalsprache: Es gibt nichts, wo Gott nicht ist; wir sind wie in Gott drin, mit dem kompletten Universum oder Multiversum, und Gott ist in uns drin. Und deshalb gehen wir davon aus, dass dieser Gott uns hört, wenn wir zu ihm sprechen.

So, jetzt habe ich Ihnen erst einmal erklärt, warum es möglich ist, Gott anzusprechen, also zu ihm zu beten: Weil Gott, mit kirchischen Vokabeln ausgedrückt, personhaft und allgegenwärtig ist. Nur der Klarheit halber sei hinzugefügt: Ich habe Ihnen natürlich nicht bewiesen, dass Gott personhaft und allgegenwärtig ist. Wie schon gesagt, Beweise hat niemand, wenn es um Gott geht; und was einer ist, wenn er meint, er hätte Beweise und könne andere durch sie überzeugen, das weiß ich, und Sie wissen es auch. Ich habe Ihnen lediglich die Gründe und Argumente gesagt, die nach kirchischer Logik, nach hochkirchischer jedenfalls, dafür sprechen, dass Gott so ist.

Freilich, was beten wirklich ist und was da in einem Menschen vorgeht, wenn er Gott anspricht, von Ich zu Du, aus dem Herzen heraus, das habe ich Ihnen auch damit noch nicht erklärt. Es würde mich jedenfalls sehr wundern, wenn Sie es jetzt wüssten. Stellen Sie sich doch mal vor, ich hätte Ihnen die ganze Zeit über erklärt, was mit der Vokabel schwimmen gemeint ist. Was schwimmen ist, wüssten Sie dann auch nicht. Sie könnten jetzt weder schwimmen – es sei denn, Sie hätten es schon vorher gekonnt –, noch wüssten Sie, was in anderen Leuten vorgeht, wenn sie in die Ostsee hineinlaufen und sich von den Wellen tragen lassen ... Schwimmen lernt man durch schwimmen, nicht durch Schwimmbücher. Sie können also ganz ruhig bleiben, wenn Sie immer noch nicht so richtig wissen, was beten ist – Sie sind völlig normal!

Aber gut, nehmen wir einmal an, Sie würden es mit dem „Schwimmen" selbst ausprobieren, also mit dem Beten. Dann bekämen Sie allerdings ein Problem. Möglicherweise jedenfalls. Doch das erkläre ich Ihnen am besten beim Übersetzen der nächsten Vokabel.

– auch so ein Wort, das im Kirchischen häufig vorkommt, mindestens genauso häufig wie im normalen Leben. Also: Was bedeutet im Kirchischen die Vokabel Liebe?

Da muss ich zunächst wieder die Grammatik bemühen. Grammatisch gesehen nämlich, ist Liebe ein Dingwort. Aber ist Liebe ein Ding? Liebe ist doch kein Ding! Das Wort Liebe ist, real betrachtet, eigentlich ein Tätigkeitswort – von *lieben* müssten wir sprechen, nicht von Liebe. Die Sprache selbst, Ihre wie die kirchische, spielt uns einen Streich, wenn wir das nicht beachten! Wir reden dann von Liebe, aber wir lieben nicht – das kennen Sie ja; wieder etwas, was uns verbindet.

Stellen wir also die Frage gleich so, wie sie richtig lauten muss: Was bedeutet im Kirchischen die Vokabel lieben?

Grundsätzlich dasselbe wie in Ihrer Sprache und wie in allen Sprachen der Erde, klar. Was lieben ist, weiß jeder Mensch, und Menschen sind wir alle, gleich welche Sprache wir sprechen. Keiner von uns kann leben, ohne zu lieben und ohne geliebt zu werden. Ich übersetze lieben mal mit ein paar anderen Worten, dann ist Ihnen das sofort bewusst: einen Menschen gern haben; ihn doll, ihn anziehend finden; fasziniert sein von ihm; sich nach ihm sehnen; ihm ganz vertrauen können ...; auch: ihm gut sein; ihm Gutes tun; sich um ihn sorgen; für ihn da sein; ihn nie mehr verlieren wollen ... Und noch ein paar andere Worte für geliebt werden, denn geliebt werden ist, um leben zu können, genauso wichtig wie lieben: sich beachtet und angenommen fühlen; jemandem etwas wert sein; von anderen Gutes erfahren und Hilfe; nicht abgeschrieben werden, wenn man etwas falsch gemacht oder gar Unrecht getan hat; sein dürfen, der oder die man ist ...

Mir fällt da auch das Gespräch über die Liebe zwischen Hurvínek und Spejbl ein, Sie kennen es bestimmt, jedenfalls wenn Sie aus der Leipziger Gegend sind. „Vati? Vati, was ist denn eigentlich – die Liebe?", fragt Hurvínek schüchtern, und da Vater Spejbl, leicht genervt, die Frage abwimmeln will, legt Hurvínek nach: „Wozu ist die Liebe gut, Vati? Wozu ist sie gut?" Spejbl darauf: „Wozu? Damit die Welt keine Nacht der Mondfinsternis ist." – Wozu lieben gut ist, weiß wirklich jeder Mensch. Selbst wer mitten in der „Nacht der Mondfinsternis" steckt! Der weiß dann zumindest in seiner Sehnsucht, was lieben und geliebt werden bedeutet.

Soweit, so gut. Doch nun kommen wir zu einem Punkt, an dem es wieder etwas dazuzulernen gibt für Sie.

Die Vokabel lieben hat im Kirchischen nämlich noch eine andere, oder richtiger gesagt, eine zusätzliche Bedeutung: Lieben bedeutet auf Kirchisch nicht nur lieben zwischen Menschen – oder von mir aus auch zwischen einem Menschen und seinem Tier, denn man kann sich ja als Herrchen oder Frauchen auch von seinem Hund geliebt fühlen. Im Kirchischen bedeutet lieben darüber hinaus auch lieben zwischen Gott und Mensch und Mensch und Gott.

Ich hatte Ihnen schon erklärt, dass die Vokabel Gott ein *personhaftes* „höheres Wesen" meint, also dass der „Urgrund allen Seins", zumindest nach hochkirchischer Logik, ein großer „Jemand" sein muss, der – menschlich gesprochen – auch denkt und fühlt und so weiter. Und da stellt sich natürlich die Frage, was Gott denkt und *was* Gott fühlt: Böses oder Gutes? Und vor allem, was er von uns Menschen denkt und fühlt. Oder anders gefragt: Liebt uns Gott, oder liebt er uns nicht? Also mich zum Beispiel und – ob Sie's glauben oder nicht – zum Beispiel Sie.

So, und bevor ich darauf antworte, komme ich auf das Problem zurück, das Sie möglicherweise bekommen könnten, falls Sie das mit dem „du, Gott"-Sagen, also mit dem Beten, einmal selbst ausprobieren sollten. Möglicherweise, wie gesagt. Das hängt ganz davon ab, wie normal Sie sind. Sind Sie schon von Kindheit an normal und haben Sie Kirchisch höchstens mal beiläufig gehört, dann dürfte sich das Problem, das ich hier meine, ziemlich in Grenzen halten. Sind Sie aber erst im Laufe Ihres Lebens normal geworden, haben Sie also früher mal über längere Zeit Kirchisch voll in sich aufgenommen, dann ... Aber Sie müssen es gar nicht mal ausprobieren, Sie brauchen sich nur vorzustellen, dass Sie es ausprobieren würden. Und einmal angenommen, Sie würden dann denken: Gott schaut mich böse an, oder: Gott sieht alles, was ich so tue, und irgendwann wird er mich dafür bestrafen ... Merken Sie? Würden Sie sich Gott so vorstellen, bekämen Sie Angst! Und da hätten Sie dann das Problem! Dasselbe, das viele Christenmenschen auch haben. Viele denken nämlich durchaus, dass Gott uns Menschen liebt, aber sie denken, das tut er nur dann, wenn sie bestimmte Bedingungen erfüllen und bestimmte Leistungen vorweisen können. Erfüllen sie die Bedingungen nicht und kommt es gar zu Fehlleistungen – das kirchische Wort dafür heißt Sünde –, dann, so denken sie, bestraft sie Gott. Und Sie glauben doch nicht, dass diese Menschen dann zu Gott „du, Gott ..." sagen, noch dazu aus dem Herzen heraus! Sie sprechen zwar Gebete – wenn überhaupt – und besuchen die Gottesdienste, aber eigentlich nur, damit Gott ihnen nicht noch mehr böse ist ...

Nun, ich muss Ihnen das nicht näher ausmalen. Was ich eigentlich sagen will, ist dies: Beten, also zu Gott „du, Gott" sagen, wirklich aus dem Herzen heraus, das geht nur, wenn man glauben kann – darauf bauen kann, meine ich –, dass Gott uns liebt. Mindestens so echt liebt, wie zwei liebevolle Menschen einander lieben. Sonst bekommt man es wirklich mit der Angst zu tun, und die Angst vor Gott kann schlimmer sein als jede andere Angst! Und dann ist Mondfinsternis ...!

Wie gesagt, wenn Sie von Kindheit an normal sind, würde sich diese Angst in Grenzen halten. Weil Sie das mit dem Beten sowieso sofort wieder bleiben lassen würden, und vergessen wär' die Angst, jedenfalls die Angst vor Gott. Wenn Sie aber früher, bevor Sie normal wurden, viel Kirchisch in sich aufgenommen haben und dabei das Pech hatten, dass Ihnen immer wieder mit dem „strafenden Gott" oder gar mit „ewigen Höllenstrafen" gedroht wurde, dann könnte das alles wieder hochsteigen in Ihrem Herzen und könnte Ihnen mächtig zu schaffen machen ...

Sehen Sie, deshalb ist es so wichtig, dass Sie das Kirchische gleich richtig lernen, so wie es wirklich gemeint ist. Wenn schon Kirchisch, dann Hochkirchisch! Und damit zurück zu der Frage: Liebt uns Gott, oder liebt er uns nicht?

Wer hochkirchisch denkt, baut darauf, dass Gott uns Menschen liebt. Echt liebt, ohne Bedingungen zu stellen, vor jeder Leistung und trotz aller Fehlleistungen! Warum er darauf baut? Wiederum nicht, weil er Beweise hätte, dass Gott uns liebt. Aber Gründe und Argumente, die dafür sprechen, die hat er schon. Einen dieser Gründe hatte ich Ihnen schon genannt, nur noch nicht ausführlich genug. Also: Wenn Gott der Urgrund allen Seins ist, so hatte ich Ihnen erläutert, dann kann Gott nicht von geringerer Seinsart sein als der Mensch; Gott muss folglich ein personhafter Gott sein. Und nun der nächste Gedankenschritt, ich formuliere ihn mal ganz persönlich:

Unter meinen Freunden gibt es etliche, die mich schon sehr lange kennen; Klammer auf: darunter mehrere, die so normal sind wie Sie, Klammer zu. Diese Menschen haben nicht nur meine Sonnenseiten erlebt, sie kennen auch meine Schattenseiten. Dennoch stehen sie zu mir. Ich bin ihnen viel wert. Ich. Einfach, weil ich der Reinhard bin. Und da sage ich mir: Wenn schon meine Freundinnen und Freunde so sind, sollte Gott mich dann weniger lieben, als sie mich lieben? Dann hätte Gott ja weit weniger Charakter als sie! Ehrlich gesagt: Auf einen solchen Gott würde ich pfeifen!

Oder noch persönlicher formuliert: Es gibt in meinem Leben ein paar Menschen, die mir sehr wehgetan haben. In einigen Fällen, wenn sie nicht aufhörten damit, musste ich mich schützen, und unsere Wege haben sich getrennt. Dennoch habe ich ihnen nicht die Pest an den Hals gewünscht oder will sie gar im „ewigen Höllenfeuer" schmoren sehen. Schon wenn ich mich dabei ertappe, dass ich jemanden nur nach seinen Leistungen oder seinen Macken beurteile, komme ich mir ziemlich schäbig vor ... Kann dann aber Gott, der große Gott, weniger liebesfähig sein? Weniger liebesfähig als ich? Und weniger liebesfähig als die vielen Menschen, deren Liebesfähigkeit weit größer ist als meine?

Nicht, dass ich Sie mit diesen Argumenten überzeugen möchte! Ich wollte Ihnen nur verständlich machen, warum wir Christenmenschen darauf bauen, dass Gott uns echt von Herzen liebt, und Sie genauso wie uns. Wieder Klammer auf: Es gibt, wie schon angedeutet, auch Christen, die glauben das nicht;

zumindest glauben sie nicht, dass Gott auch Sie liebt – tut mir leid, Ihnen davon erzählen zu müssen, aber es ist nun mal so. Deshalb veranstalten sie alles Mögliche, um sich Gottes Liebe zu „verdienen", sich und manchmal auch anderen. Ich kann mir das nur so erklären, dass sie nicht solche wunderbaren Freunde und Freundinnen haben wie ich zum Beispiel. Klammer zu.

Aber zurück zur Vokabel beten. Beten ist dann, wenn man so von Gott denkt – also dass er uns ohne Wenn und Aber liebt – ungefähr so, wie wenn man mit einem lieben Menschen zusammen ist. Bei einem solchen Menschen weiß man sich angenommen, ihm kann man ungeschminkt sagen, was einem auf dem Herzen lastet. Mit ihm kann man sich aber auch wunderbar unterhalten, sich mit ihm austauschen, ihm zuhören, von ihm was lernen ... – und mit Gott geht das auch.

Ich merke schon, wie Sie jetzt sagen: „Aber zu einer richtigen Unterhaltung gehören doch *zwei*, die reden können. Gott kann doch nicht reden!"

Nun, in diesem Punkt kann ich Ihnen nur teilweise recht geben. So wie Menschen reden, redet Gott nicht, das ist wahr. Aber reden kann Gott durchaus! Bloß anders. Ich behaupte sogar, dass auch Sie Gott reden hören. Nein, ich meine nicht, dass Gott kirchisch redet und dass Sie ihn jetzt auch ein bisschen reden hören können, weil Sie inzwischen ein paar Kirchischvokabeln kennen. Kirchisch redet Gott überhaupt nicht! Kirchisch – oder richtiger gesagt: Hochkirchisch – ist nur die Übersetzung von dem, was Gott redet. Gott redet normal. Wirklich! Das ist der Grund, warum Sie, auch Sie, Gott reden hören können. Die Frage ist nur, ob Sie immer richtig hinhören! ... Entschuldigung, das meine ich jetzt nicht persönlich, ganz und gar nicht! Aber Sie wissen ja: Leute, die zuhören können, sind selten – meiner Erfahrung nach unter den kirchischsprachigen wie unter den normalen. Deshalb muss ich Ihnen jetzt unbedingt erst mal etwas über

DAS WORT HÖREN

sagen. Ich wäre sowieso noch drauf gekommen, denn im Kirchischen zählt das Tätigkeitswort hören zu den allerwichtigsten Vokabeln überhaupt. Genauso wie das Dingwort Ohr. Zuerst wieder das Gemeinsame in allen Sprachen:

Jeder Mensch hat drei Ohren, zwei außen und eins innen. Wozu die äußeren Ohren da sind und was man mit ihnen hören oder nicht hören kann, ist klar. Was es mit dem inneren Ohr auf sich hat, ist zwar nicht allen Menschen klar, aber doch den meisten. Auf jeden Fall Kindern. Erwachsenen kann es freilich passieren, dass der innere Gehörgang verklebt, wenn er zu selten benutzt wird.

Wie wichtig es ist, dass wirklich alle drei Ohren gut funktionieren, wissen wir vor allem aus der Erfahrung mit anderen Leuten: Da sage ich jemandem etwas, was mir sehr wichtig ist, und der hört es auch – aber es geht zum einen Ohr rein und zum anderen Ohr raus. Und warum? Weil es nicht ins innere Ohr dringen kann. Das ist verklebt. Was nämlich nicht ins innere Ohr dringt, das landet nicht, das rutscht zwischen den äußeren Ohren durch. Schlimmer noch: Wenn das innere Ohr nicht mithört, hört man zwar Wörter und alle möglichen Laute, aber was sie bedeuten, hört man nicht. Das hört nur das innere Ohr. Weil nur das innere Ohr nahe genug am Verstand und am Herzen ist.

Und jetzt zu der Frage, ob auch Gott redet und ob man auch Gott reden hören kann. Eines ist schon mal klar: Falls es wahr ist, dass Gott redet, dann ist das, was Gott redet, nur hörbar, wenn das innere Ohr mithört. Das ist genauso, wie wenn ein Mensch zu uns redet.

Aber redet denn Gott? Kann Gott überhaupt reden? Und wenn ja, wie redet Gott? – Ich erzähle Ihnen mal, wie wir Christenmenschen das sehen. Eigentlich muss ich sogar sagen: wie Menschen aller Kulturen das sehen. Und gesehen haben, schon lange bevor es uns Christenmenschen gab. Seit es nämlich das Lebewesen gibt, das drei Ohren hat – zwei außen und eins innen –, also den homo sapiens sapiens, genannt: der Mensch, machen die Leute, deren inneres Ohr nicht ganz und gar verklebt ist, eine sehr interessante Erfahrung. Aus meinem eigenen Erleben möchte ich sie so beschreiben:

Da bin ich mit jemandem im Gespräch, zum Beispiel. Nehmen wir den ungünstigsten Fall: Der, mit dem ich mich da gerade unterhalte, den kenne ich, der redet meistens nur oberflächliches Zeug. Aber diesmal sagt er plötzlich mitten in unserem Gespräch einen Satz, der mich aufhorchen lässt. Ich weiß sofort: Was er sagt, ist wahr! Mehr noch: Diese Wahrheit betrifft mich. Mich. Vielleicht angenehm, vielleicht auch erst mal unangenehm, wie es Wahrheiten so an sich haben. Und ich weiß auch: Wenn ich diese Wahrheit an mich heranließe, sie also von den äußeren Ohren über das innere Ohr in mein Herz hinein ließe und dann mit dem Verstand noch ein bisschen über sie nachdenken würde, dann würde sie mich weiterbringen. Die Worte, die dieser Mensch da gesagt hat, wollen mir etwas sagen, und würde ich es mir sagen lassen, dann würde ich die Lebenssituation, in der ich gerade stecke, von jetzt ab mit anderen Augen sehen ... Eine Erfahrung, die ich so oder ähnlich immer wieder mache. Wenn ich ein Buch lese zum Beispiel und auf Seite 76 mich plötzlich ein Gedanke anspringt, der genau die Antwort auf die Frage ist, mit der ich mich seit langem herumschlage ... Oder wenn ich morgens das Kalenderblatt abreiße und der neue Spruch haargenau ins Schwarze trifft, wie eigens für mich für diesen Tag ausgewählt ... Oder wenn ich im Zug sitze, aus dem Fenster schaue, halb schläfrig so dahin sinniere und mir plötzlich ein Gedanke einkommt – wie eine Erleuchtung oder Eingebung – und ich weiß: Das ist es, das ist wahr! ...

Sie kennen das auch? Na klar kennen Sie das auch! Jeder Mensch kennt das, so oder so ähnlich ... Die Menschen früher kannten es, und die Menschen heute kennen es, überall auf dem Erdball. In den alten Menschheitskulturen nannten sie das: *eine Weisheit hören.*

Das Wort Weisheit muss ich Ihnen übersetzen. Aber nicht etwa aus dem Kirchischen! Weisheit, egal ob arabisch, griechisch oder chinesisch ausgesprochen, ist keine kirchische Vokabel, sondern eine Menschheitsvokabel. Was sie bedeutet, bringt unser deutsches Wort Weisheit ziemlich klar zum Ausdruck, jedenfalls wenn man nicht „Weißheit" schreibt, sondern eben *Weisheit*, wie im Duden: Weisheit kommt von weisen, nicht von „Ich weiß was!", also von hinweisen, weiterweisen, unterweisen und so weiter. Weisheit bedeutete folglich im Sprachempfinden unserer alten Germanen so viel wie: eine Wahrheit, die uns unterweist, auf etwas Wichtiges hinweist, uns ein Stück weiterweist ..., also eine *weisende Wahrheit*. Weisheit – ein treffendes Wort für das, was man da in den beschriebenen Erfahrungen hören kann, finde ich!

Und was das mit Gott zu tun hat? Das haben sich die Alten auch schon gefragt, und da sie alle auf irgendeine Art gottgläubig waren – bis vor wenigen Generationen gab es ja die Menschen noch nicht, die von sich sagen konnten: „Ich bin normal" –, war ihnen die Antwort klar: Eine weisende Wahrheit kommt immer, egal wer sie ausspricht oder niedergeschrieben hat, von Gott. Wenn ein Gedanke mich anspricht, von dem ich spüre: Das ist wahr, und ich bin gemeint!, dann redet Gott zu mir. Weisheit, weisende Wahrheit – das ist die Sprache, in der Gott redet.

Das sehen auch wir Christenmenschen so. Nicht so wie in der Religionsgeschichte zum Beispiel die alten Ägypter, die Babylonier oder die Griechen, die an viele Götter glaubten und einen davon als Weisheitsgott oder als Göttin der Weisheit verehrten. So natürlich nicht. Aber so, wie vor uns schon die Juden und nach uns die Muslime und viele andere Menschen bis heute, die an einen einzigen Gott, an den Urgrund-Gott glauben.

Dass es nicht von vornherein daneben ist, Weisheit als Sprache Gottes zu deuten, mache ich mir mit dem Verstand folgendermaßen klar: Wenn Gott der allgegenwärtige Urgrund von allem ist und als solcher ein geistbegabter, personhafter „Jemand" ist – nicht ein geistloses Etwas –, dann kann sich dieser Gott auch geistbegabten Personen, also den Menschen, mitteilen. Nicht mit akustisch hörbaren Worten freilich, wohl aber „von Geist zu Geist" – ungefähr so, wie es ja auch zwischen zwei Menschen einen wortlosen Gedankenaustausch gibt, von Geist zu Geist. Der göttliche Geist ist dabei der „Sender", der menschliche Geist der „Empfänger". Im Kirchischen drücken wir das so aus: Gott *offenbart* uns Wahrheiten, und wir *erkennen* diese Wahrheiten. Was dabei von Gott her im menschlichen Geist ankommt, sind natürlich nicht Wörter und Sätze, aber durchaus spürbare, wahrnehmbare Wahrheiten eben; ein Stückchen Wahrheit jedenfalls, nie die absolute Wahrheit gleich auf einmal selbstverständlich. Und das erleben wir dann als „Berührtwerden von Wahrheit", als „Erleuchtung" und „Eingebung".

Ich will damit nicht sagen, dass auch Sie das so sehen müssen, um Himmels willen nicht! Ich übersetze hier nur, was im Kirchischen mit der Vokabel Weisheit und mit der Vokabel hören gemeint ist. Eines ist mir aber schon wichtig, und das will ich unbedingt noch einmal betonen: Ob Sie das Hören auf Weisheit mit Gott in Verbindung bringen oder nicht – es verbindet uns! Auf jeden Fall! Weil eben alle Menschen die Erfahrung weisender Wahrheit kennen. Alle haben drei Ohren – plus Herz und Verstand –, um weisende Wahrheit hören zu können.

Hören auf Weisheit – jetzt sage ich es mal im Gelehrtenjargon – ist die „Grundspiritualität des Menschen", sie verbindet alle Spiritualitäten, die religiösen Spiritualitäten wie die religionslosen. Ja, man kann sogar sagen: Wo das Hören auf Weisheit fehlt, ganz gleich, wie die Herkunft der Weisheit gedeutet wird, da fehlt jeder Spiritualität die Bodenhaftung in dem, was wahr ist und was Realität ist. Dann werden auch unsere eigenen Wörter leer – wahrheitsleer – und unsere Sätze zu Floskeln und Phrasen, in der Sprache der normalen Menschen wie im Kirchischen. Und normal ist das nun wirklich nicht.

Noch einmal zurück zur Vokabel beten. Jetzt wissen Sie, warum Christenmenschen beim Beten nicht nur reden, sondern auch hören, und warum man sich mit Gott richtig unterhalten kann. Ich persönlich zum Beispiel habe in meinen Gebetszeiten nicht nur ein Gebetbuch dabei – das ich ohnehin kaum benutze, denn ich rede mit Gott lieber freihändig und wie mir das Herz gewachsen ist –, sondern meistens noch ein anderes Buch, eins, in dem ich in den Tagen zuvor auf Seite 76 oder so einen Absatz gefunden habe, der mich sehr angesprochen hat. In der Stille höre ich dann nochmal etwas genauer in den Text hinein und überlege, was Gott mir mit dieser weisenden Wahrheit sagen will. Da wird dann wirklich eine echte Unterhaltung draus. Oft schweigen wir anschließend miteinander, Gott und ich, weil einem das, was Wahrheit ist, ziemlich zu Herzen gehen kann. Sie wissen ja selbst, Tiefes darf nicht zerredet werden. Gott kann sowieso gut schweigen, was bei menschlichen Gesprächspartnern nicht immer der Fall ist ..., und manchmal ist es mir, wie wenn Gott mir die Liedstrophe von Daliah Lavi vorsingt: „Meine Art Liebe zu zeigen, das ist ganz einfach schweigen – Worte zerstören, wo sie nicht hingehören."

Was für ein Buch ich dann nehme, was für eins konkret? Nein, nicht was Sie jetzt gleich denken – nicht immer nur die Bibel! Weisende Wahrheiten stecken auch in anderen Büchern, auch in Büchern von ganz normalen Menschen zum Beispiel. So habe ich mal wochenlang immer die BRIEFE AUS DEM GEFÄNGNIS von Rosa Luxemburg zum Beten mitgenommen; manchmal schau ich da heute noch hinein. Oder die Gedichte von Eva Strittmatter, meiner Lieblingsdichterin – da stecken sehr berührende Weisheiten drin! Kann ich nur empfehlen!

Aber Sie haben schon recht, mit der Bibel kann man besonders gut mit Gott ins Gespräch kommen. Und viel dabei fürs Leben lernen! Ich sage Ihnen mal, was das Wort

BIBEL AUF NORMALDEUTSCH

heißt, dann können Sie sich allein schon von der Wortbedeutung her eine Vorstellung davon machen, warum gerade dieses Buch für uns Christenmenschen so kostbar ist.

Auch das Wort Bibel, müssen Sie wissen, ist eigentlich kein kirchliches Wort. Bibel stammt aus dem Altgriechischen und kommt von biblia. Das ist ein Mehrzahlwort und bedeutet Bücher. Genau genommen: Schriftrollen. Denn richtige Bücher, also Papierblätter, die zwischen zwei Leder- oder Pappdeckel gebunden sind, gab es noch nicht, als die Bibel entstand. Mit dem Mehrzahlwort biblia bezeichneten griechischsprachige Juden alle Schriftrollen, die ihnen heilig waren, und das waren eine ganze Menge! Über 45 Rollen! Die meisten sehr dick, andere dünner. Die Christen übernahmen dann das Wort biblia und fügten diesen Schriftrollen noch 27 weitere hinzu. Was wir heute zwischen zwei Buchdeckeln haben – in den gängigen Ausgaben nicht unter 1.500 Druckseiten –

und mit dem Einzahlwort „die Bibel" benennen, ist also eigentlich eine ganze Bibliothek.

Wer das alles geschrieben hat? Nicht Gott, natürlich nicht! Das alles haben Menschen geschrieben, viele Menschen im Laufe von mehreren Jahrhunderten: den jüdischen Teil hebräischsprachige und später auch griechischsprachige Juden, den zweiten Teil dann griechischsprachige Christen. Der erste Teil brauchte etliche Jahrhunderte, bis er entstanden war, ungefähr von 900 bis 30 vor unserer Zeitrechnung. Der zweite Teil entstand in den Jahren 30 bis 120 nach unserer Zeitrechnung. Juden nennen ihre Schriftrollen-Bibliothek Tanach, wir Christen nennen sie Altes Testament oder Erstes Testament, und der zweite, von Christen geschriebene Teil heißt Neues Testament.

Nicht dass Sie denken, das Wort Testament käme von dem Schriftstück her, das man heutzutage spätestens zusammen mit der

Patientenverfügung aufsetzt. Umgekehrt wird ein Schuh draus! Das Schriftstück, das man für seine Erben aufsetzt, heißt Testament, weil das alte kirchische Wort Testament – testamentum im Lateinischen – so viel bedeutet wie: ein wichtiges Vermächtnis. Die beiden Teile der Bibel heißen also Testament, weil sie ein wichtiges Vermächtnis zum Inhalt haben, nämlich Weisheit.

Die Menschen, die diese Schriften verfassten, gaben darin an andere weiter, was ihnen für ihr eigenes Leben kostbar geworden war: weisende Wahrheiten. Solche, die sie selbst erkannt hatten, und solche, die schon lange vor ihnen, zum Teil schon über Generationen hin, weitererzählt worden waren, meist in Form von Mythen, Sagen und Legenden, darunter auch Erzählungen aus benachbarten Völkern und Kulturen. Es ging diesen Leuten so wie Ihnen auch: Was einem selbst „heilig" ist, das möchte man gern an andere weitergeben – wie ein Vermächtnis eben –, jedenfalls an Leute, die einem wichtig sind. Dass das dann später mal in der Bibel stehen würde, daran haben sie damals allerdings alle nicht gedacht! Zur Bibel wurden ihre Schriften erst in einem zweiten und dritten Schritt, und das kam so:

Manche Leute, die diese Texte lasen oder vorgelesen bekamen, waren davon so angetan und fanden darin so wertvolle Weisheiten, dass sie überzeugt waren: Gott selbst muss sie den Autoren „offenbart" haben, auf welchen Wegen auch immer. Das Vermächtnis, das sie bekommen hatten, machten sie deshalb wieder anderen zum Vermächtnis. Sie schrieben die Schriftrollen ab und vervielfältigten sie, ergänzten dabei auch einiges aus eigener Weisheitserfahrung ... – bis dann ein paar Gelehrte die Texte ordneten, zusammenhängende Vorlesestücke daraus machten und die so entstandenen Bücher, alias Schriftrollen, sich immer mehr verbreiteten. Was als besonders wertvoll empfunden wurde, zählte man schließlich zur Sammlung der „heiligen Schriften" – und die wurden dann, als um das Jahr 200 der Codex, die Urform des Buches, erfunden war, zwischen zwei Deckel gebunden. So entstand die Bibel, zunächst im Judentum der erste Teil, dann im frühen Christentum der zweite Teil.

Und nun verstehen Sie auch, warum wir Christenmenschen gern in der Bibel lesen und uns mit der Bibel in der Hand sogar mit Gott unterhalten: Weil die Bibel ein Buch ist, in dem nicht erst auf Seite 76 weisende Wahrheit zu finden ist. Die Bibliothek, die wir Bibel nennen, ist so etwas wie Weisheit kompakt.

Beim Bibellesen ist freilich darauf zu achten, dass man nicht Sachen hineinliest, die gar nicht drinstehen. Und das kann einem schnell passieren! Ein bisschen Kenntnis braucht es schon, um diese alten Texte so zu verstehen, wie sie gemeint sind. Zum Beispiel ist es hilfreich zu wissen, was bestimmte Redewendungen bedeuteten, als sie niedergeschrieben wurden, oder was die vielen Bildworte und Vergleiche damals ausdrücken wollten, und so weiter. Sonst meint man, Gott hätte die Welt wirklich in sechs Tagen erschaffen, den ersten Menschenmann wirklich aus Erde geknetet und die Menschenfrau wirklich aus dessen Rippe gebastelt. Wer die Bibel „wörtlich" nimmt, der nimmt sie nicht ernst. Er wird dann vieles falsch verstehen – und kann die tiefen Weisheiten, die darin enthalten sind, gar nicht erkennen.

Außerdem gibt es manches in der Bibel, was man sich lieber nicht zu Herzen nehmen, geschweige denn in die Tat umsetzen sollte. Seine Tochter als Sklavin verkaufen zum Beispiel oder andrer Leut's Kinder packen und am Felsen zerschmettern und so was alles. Da die Bibel von Menschen geschrieben wurde, von Menschen in einer ganz bestimmten Zeitsituation, überliefert sie natürlich nicht nur Weisheit, sondern auch Ansichten höchst sonderbarer Art – das ist ebenfalls zu beachten beim Bibellesen. Im Klartext: Man darf um Gottes willen nicht jedes Wort glauben, das in der Bibel steht! Menschen mit Menschlichkeit im Herzen und Verstand im Kopf haben das immer schon gewusst, schon während der Jahrhunderte vor unserer Zeitrechnung, in denen der erste Teil der Bibel geschrieben wurde.

Selbst was in der Bibel über Gott geschrieben steht, über seine Haltung uns Menschen gegenüber vor allem, ist nicht auf jeder einzelnen Seite schon der Weisheit letzter Schluss. Gerade in dieser Hinsicht sind denen, die vor fast zweitausend Jahren Jesus erlebten, ganze Kronleuchter aufgegangen. Wir Christen nennen diese Menschen auf Kirchisch *Jünger*, was auf Normaldeutsch Schüler oder Lehrlinge bedeutet und selbstverständlich auch Schülerinnen oder Lehrl... – na, Sie wissen schon. Und Jesus nennen wir meistens *Jesus Christus*, nach ihm sind wir benannt. Dabei müssen Sie jedoch wissen, dass Christus nicht der Nachname von Jesus ist oder Jesus einen Doppelnamen hatte wie Leute, die Franz-Josef heißen oder so. Sein Name ist Jesus, nur Jesus, und damit man ihn nicht mit Männern gleichen Namens verwechselte, wurde er auch Jesus von Nazaret genannt, nach dem kleinen Kleinbauerndorf im Norden Israels, aus dem er stammte. Das zweite Wort, also im Kirchischen. Christus ist die lateinische Übersetzung des Wortes *Messias*, und das ist kein Name, sondern eine Feststellung. Dazu gleich Näheres. Jedenfalls, wenn Sie das Wortpaar Jesus Christus hören, müssen Sie sich zwischen Jesus und Christus immer ein „ist" und ein „der" denken oder ein Komma und ein „der". „Jesus ist der Christus" oder „Jesus, der Christus" – das ist gemeint, im lateinischen Kirchisch. Das deutsche Kirchisch, das einfach „Jesus Christus" sagt, nimmt es hier mit der Grammatik nicht so genau, was natürlich schade ist, denn auch als normaler Christenmensch will man eigentlich schon wissen, wovon die Rede ist, erst recht wenn es um Jesus geht.

Was Messias bzw. Christus bedeutet, und warum das kein Name ist, sondern eine Feststellung, das war früher allen klar, Juden wie auch Christen. Juden heute noch, Christen eher seltener. Ins Deutsche übertragen, bedeutet Christus nämlich so viel wie: *der mit göttlicher Weisheit Gesalbte.*

Was Weisheit ist, wissen Sie ja, und dass sie aus christlicher Sicht göttlich ist, das heißt letztlich von Gott her kommt, wissen Sie inzwischen auch. Aber die Vokabel gesalbt/ Gesalbter muss ich Ihnen übersetzen:

„Mit Weisheit gesalbt", das ist so eine jener Redewendungen, von denen ich sprach. Sie war in biblischen Zeiten für alle verständlich, doch heute ist sie es nicht mehr, in der Regel auch für Christenmenschen nicht. Gesalbt, das hieß damals im normalen Leben: mit Öl gesalbt, möglichst vom Kopf bis zu den Füßen, mit Olivenöl zum Beispiel oder mit dem heilenden, stärkenden, wohlriechenden und wohltuenden Öl bestimmter Pflanzen. Und wenn man das Wort gesalbt als Bildwort nahm und von einem Menschen sagte –

im übertragenen Sinne also –, er sei mit Weisheit gesalbt, dann meinte man: Dieser Mensch ist in seinem ganzen Denken und Fühlen von tiefen Einsichten erfüllt, er ist wie von Kopf bis Fuß „mit Weisheit gesalbt".

Solche „mit Weisheit Gesalbte" gab es immer wieder mal, wenn auch selten, und wenn es mal lange Zeit keine mehr gab, ersehnte man sie sich sehr. Zum Beispiel, dass endlich mal wieder ein König kommt, der das Volk nicht nach Eigeninteressen, sondern mit Weisheit regiert – was wir ja voll verstehen können ...

Und Jesus war so einer. Kein König, nein. Nur ein einfacher Kleinbauer und Bauhandwerker aus einem Kleinkleckersdorf im Norden des Landes, weit weg von Jerusalem, dem politischen und religiösen Zentrum des jüdischen Volkes. Aber diejenigen, die ihn damals erlebten, diejenigen also, die mit den eigenen drei Ohren hörten, wie er von Gott sprach, und die sahen, wie er mit den Leuten umging, die stellten fest: Das ist echt ein mit Weisheit Gesalbter! Ja, mehr noch: So wie der mit Weisheit gesalbt ist, so gab es vor ihm noch keinen!

Jesus wiederholte nämlich nicht nur, was andere weisheitsvolle Menschen früher schon von Gott gesagt hatten und was bereits in den heiligen Schriftrollen stand. Er ging über das alles noch hinaus und zeigte den Leuten, wie man von Gottes Charakter noch viel größer denken muss, als sie es bis dahin gewohnt waren.

Dass man sich Gott nicht vorstellen darf wie einen Despoten, der die Menschen willkürlich, je nach Lust und Laune, mal so und mal so behandelt, das hatten mit Weisheit Gesalbte schon Generationen vor Jesus gesagt. Gott muss, wenn er Gott ist, ein *gerechter* Gott sein, das war den meisten Leuten klar im jüdischen Volk. Doch nun hörten sie von Jesus, so von Gott zu denken, sei zwar schon ganz gut, aber selbst bei dieser Vorstellung dürften sie nicht stehen bleiben. Gott ist nicht nur gerecht, sagte ihnen Jesus, sondern mehr als gerecht: Gott *liebt* uns Menschen! Und zwar echt! So echt, wie ein liebevoller Vater seine Söhne und seine Töchter liebt: ohne an seine Liebe Bedingungen zu knüpfen; vor jeder Leistung und trotz aller Fehlleistungen! – Das hatte ich Ihnen schon gesagt? Stimmt. Und nun wissen Sie auch, wo ich es herhabe. Von allein wär' ich darauf nicht gekommen.

So von Gott zu denken, das habe auch ich durch Jesus gelernt. Und ich habe, ehrlich gesagt, eine ganze Weile gebraucht, bis ich es kapiert habe. Seit ich es aber einigermaßen kapiert habe, kann ich nicht mehr kleiner von Gott denken.

Den Leuten damals – ich meine die Jünger und Jüngerinnen, kirchisch ausgedrückt – muss es auch so gegangen sein. Deshalb sagten sie von ihm, er sei ein durch und durch mit göttlicher Weisheit Gesalbter. Nicht irgendein Gesalbter, sondern der mit göttlicher Weisheit Gesalbte schlechthin: der „Messias Gottes". Daraus wurde bei den lateinisch sprechenden Christen dann: Jesus, der Christus. – So. Jetzt wissen Sie, was mit „Jesus Christus" gemeint ist.

Na doll, sagen Sie vielleicht, aber könnt ihr Christen das nicht gleich auf Deutsch sagen, in ganz normalem Deutsch statt auf Latein? Klar, können wir. Machen wir auch. Wir Christen sagen von Jesus nämlich, dass er „Sohn Gottes" ist – das ist ein anderes Wort für „Christus". Und „Sohn" ist ja nun wirklich ein ganz normales deutsches Wort.

Genauer gesagt: Alle Menschen sind für uns Christenmenschen Söhne und Töchter Gottes, und Jesus, der Christus, ist für uns der einzigartige Sohn Gottes. Klammer auf: Statt einzigartiger Sohn heißt es im Kirchischen immer *einge-*

borener Sohn, aber unter einem Eingeborenen stellen sich selbst Christenmenschen etwas ganz anderes oder gar nichts vor, Klammer zu.

„Sohn Gottes" – Sie merken schon, so ganz normales Deutsch ist das nun doch wieder nicht. Ganz normal verstanden, sind ja Söhne und Töchter die biologischen Nachkommen eines Vaters und einer Mutter, und das hieße in diesem Fall, Jesus wäre der biologische Nachkomme Gottes. Aber für so etwas wie Göttersöhne halten wir, wenn wir von Töchtern und Söhnen Gottes sprechen, uns und Sie und den Rest der Welt nun wirklich nicht. Und auch Jesus halten wir für so etwas nicht. „Jesus, der Sohn Gottes", das meint im Kirchischen vielmehr ungefähr das, was Sie meinen, wenn Sie sagen: „Ein prima Kerl, der Junior vom alten Lehmann! Ganz der Vater!" – denn genau diesen Eindruck machte Jesus damals auf die Leute. Er war selbst so wie sein Gott, von dem

er sagte, er sei wie ein liebevoller Vater. Er rede-
te nicht nur Großartiges über diesen „Vater", er
war selbst so großartig! Was er vom Charakter
Gottes sagte, das entsprach ganz seinem eigenen Charakter; gerade das machte seine weisende Wahrheit über Gott ja so glaubhaft! Und
deshalb war er für die, die ihn erlebten, eben
„ganz der Vater", oder anders ausgedrückt: ein
echter „Sohn" dieses „Vaters", ein *einzigartiger*
Sohn Gottes unter allen Söhnen und Töchtern
Gottes – lateinisch: ein „unicum" von Sohn!

Stimmt, „Sohn Gottes" bedeutet übersetzt auch: Jesus ist Gott. Falls Sie das mal
gehört haben, haben Sie völlig richtig gehört – und sich wahrscheinlich sehr gewun-
dert, was Christenmenschen so alles glauben.
Aber warten Sie ab, ich komme später noch
darauf zu sprechen. Eine fremde Sprache verstehen, das lernt man eben nur Schritt für
Schritt. Für jetzt bleibt festzuhalten: „Jesus,

der Sohn Gottes" und „Jesus, der mit göttlicher Weisheit Gesalbte/der Christus", das ist dasselbe, dieselbe Feststellung.

Um es wieder ganz persönlich auszudrücken, auf mein eigenes Leben bezogen: Ich kenne keinen einzigen Menschen aus Vergangenheit und Gegenwart, keinen Philosophen, keinen Religionsstifter, keinen Theologen, keine Dichterin, keinen Weisheitslehrer ..., von dem ich Größeres über Gott gelernt hätte als von Jesus. Noch dazu so glaubhaft. Das rede ich mir nicht ein, das stelle ich fest. Deshalb kann auch ich sagen: Für mich ist Jesus der Christus, der Sohn Gottes.

Und an seiner Sicht von Gott hängt für mich alles. Alles! Meine Sicht vom Leben, meine Sicht vom Menschen – von mir selbst, von meinen Freunden und von Menschen wie Ihnen –, meine Sicht von Krankheit und von Gesundheit, meine Sicht vom Sterben, meine

Sicht von Religion und von Politik ..., einfach alles!

Kostprobe gefällig? Ich nehme mal die Sicht vom Menschen, denn dabei kann ich Ihnen gleich

DAS KIRCHISCHE WORT NÄCHSTENLIEBE

übersetzen. Es scheint zwar eine Vokabel zu sein, die auf Anhieb verständlich ist, aber das täuscht! Ich bin mir ziemlich sicher, dass Sie denken, Nächstenliebe heiße übersetzt: Du sollst deinen Nächsten lieben! Wobei Sie mit dem Nächsten die Mitmenschen meinen. Klar, ganz falsch ist das nicht. Immerhin dachten die Leute im jüdischen Volk damals vor Jesus auch so, und hinter dieser Auffassung steht wirklich eine hohe Sicht vom Menschen: Jeder Mensch ist, einfach weil er Mensch ist, so viel wert, dass er ein Recht darauf hat, menschlich behandelt zu werden. Oder umgekehrt ausgedrückt: Jeder hat die Pflicht, den anderen Menschen menschlich zu behandeln. So zu denken, ist auf jeden Fall besser, als immer nur sich selbst der Nächste zu sein – was weder normal wäre noch glücklich macht. Und das Schöne ist auch: Diese Sicht vom Menschen verbindet so ziemlich alle Bewohner dieser Erde, jedenfalls solange sie den Kopf klar haben und das Herz am rechten Fleck.

Aber wie das eben so ist bei uns Menschen: Man teilt die lieben Nächsten gern ein. In nähere und fernere Nächste, in die eigenen Leute und in die Fremden, in die, mit denen die Chemie stimmt, und in die, die einem auf den Geist gehen, und vor allem in die guten Menschen und in die bösen. Und entsprechend gestaltet sich dann die sogenannte Nächstenliebe. Stimmt's?

Und da kommt Jesus und – dreht den Spieß um! Frag nicht, sagt er, wer dein Nächster ist und wer es aus irgendwelchen Gründen vielleicht doch nicht ist, sondern mach dir klar: Der Nächste für den anderen bist immer *du*. Verhalte *du* dich als Nächster, dann spielt die Frage keine Rolle mehr, wie nahe oder wie fern oder wie fremd der andere ist ... *Das* ist mit der kirchischen Vokabel Nächstenliebe gemeint!

Dahinter steht nicht nur eine hohe, sondern eine sehr hohe Sicht vom Menschen, und die hat etwas mit der Sicht von Gott zu tun: Wenn Gott, wie Jesus sagt, jeden Menschen liebt, bedingungslos; wenn jeder, also jeder und jede, in den Augen Gottes unendlich wertvoll ist, und wenn man das mal einigermaßen kapiert hat – dann kann man die Tochter nicht mehr als Sklavin verkaufen oder die Kinder der Feinde am Felsen zerschmettern und alles solche Sachen ... Dann kann man zwar –

und nun erst recht – zwischen Gut und Böse unterscheiden, aber nicht mehr die Leute in die Guten und die Bösen einteilen! Dann ist es jeder Mensch wert, selbst wenn er Böses tut, dass ich ihm ein Nächster bin und mich ihm gegenüber entsprechend verhalte ...

Doch Vorsicht! Machen Sie jetzt bloß nicht den Fehler und sagen Sie: Da siehst du's, so reden die Christen – aber dran halten tun sie sich nicht! Na klar sind wir nicht bessere Nächstenlieber als Sie! Denken Sie doch mal, falls Sie aus Leipzig sind oder so, an die Zeiten zurück, als auch Sie noch sehr genau wussten: Die Lehre ist Marx, aber die Praxis ist Murks! Ideal und Wirklichkeit klaffen immer auseinander. So war es früher, so ist es heute noch, und so wird es immer sein, auch bei Christenmenschen. Und trotzdem ist es gut, nicht kleiner zu denken vom Menschen und von der Nächstenliebe. Hat man erst mal angefangen, so groß zu denken – selbst von jedem noch so argen Bösewicht –, macht man zwar immer noch viel Murks, aber man weiß es zumindest und richtet sich dann von Neuem nach dem „Markigen" aus. Das mag zwar manchmal anstrengend sein, aber es tut gut – den anderen und mir selber auch.

Und außerdem: In der Bibel steht gar nicht, „du sollst" deinen Nächsten lieben. So drückt es zwar das deutsche Kirchisch aus, aber in der Bibel steht es anders, in ihrem ersten wie in ihrem zweiten Teil. Dort steht, auf Hebräisch wie auch auf Griechisch, „du wirst" deinen Nächsten lieben – du wirst. Nächstenliebe ist nämlich kein Befehl, sondern die Folge einer Einsicht: Wer in seinem Denken von Gott, von sich selbst und von den Mitmenschen mit Jesus gleichzieht – wenigstens im Denken –, der wird sich schon von ganz alleine sagen, auch wenn er wieder Murks gemacht hat: Na wenn das so ist, dann werde ich doch nicht so idiotisch sein und selber auch noch Hass und Unheil in die Welt bringen ...

Das zur Vokabel Nächstenliebe. Und gleich noch ein weiteres Beispiel: Die Sicht von Gott, die Jesus in die Welt brachte, hat für uns Christenmenschen auch Auswirkungen auf unsere Sicht vom Leben. Das will ich Ihnen erläutern, indem ich Ihnen sage, was die Vokabel

EWIGES LEBEN ÜBERSETZT

bedeutet. „Ewiges Leben" ist ja auch so ein kirchisches Wort, das Ihnen öfter mal begegnen kann. Zum Beispiel bei der Begräbnisfeier eines Christenmenschen aus Ihrer Nachbarschaft. Dann ist davon die Rede, dass der nun „das ewige Leben hat", oder dass er jetzt „im Himmel ist", was im Kirchischen dasselbe meint.

„Im Himmel sein" heißt übersetzt so viel wie: bei Gott sein. Also nicht etwa „da oben" sein, auf einem Stern oder so. In den Sprachen der Bibel, müssen Sie wissen, ist Himmel manchmal ein Einzahlwort und manchmal ein Mehrzahlwort. Als Einzahlwort – der Himmel – meint es, dem damaligen Weltbild entsprechend, die blaue Käseglocke über der Erdscheibe, und als Mehrzahlwort – die Himmel – meint es die Daseinsweise Gottes: dass Gott, wie ich Ihnen schon erläuterte, allgegenwärtig ist. Hinter diesem zweiten Wortsinn steht die Vorstellung der Menschen damals, dass es ja durchaus noch viele weitere Himmel über dem sichtbaren Himmel geben könnte, und angenommen, es wäre so, dann wäre Gott auch zwischen diesen vielen Himmeln gegenwärtig. Gott ist so anders und doch so überall, heißt es in der Bibel, dass selbst „die Himmel der Himmel ihn nicht fassen können". Deshalb unterschied man in den alten Sprachen Hebräisch, Griechisch und Latein zwischen „der Himmel" und „die Himmel": der Himmel ist dort, wo die Wolken ziehen, und mit „die Himmel" ist die Allgegenwart Gottes gemeint.

Im englischen Kirchisch drückt man diese Unterscheidung durch „sky" und „heaven" aus. Bloß im deutschen Kirchisch wird das nicht so genau genommen. Denken Sie nur mal an das VATERUNSER, das Christengebet, das Sie ganz bestimmt auch schon gehört haben: Im Kirchischen beginnt es mit den Worten „Vater unser im Himmel", aber in der Bibel steht, ganz wörtlich wiedergegeben: „Unser Vater, der in den Himmeln ..." Jesus hat also, als er so betete, nicht nach oben geschaut. Er schaute in sein Herz hinein, dorthin, wo der überall gegenwärtige Gott am nahesten dran ist am Menschen.

Und „ewiges Leben" – das bedeutet, dass einer, der gestorben ist, nun „in den Himmeln" ist, also auf Normaldeutsch: dass er jetzt die gleiche Daseinsart hat wie Gott.

Klar, wie das überhaupt sein kann, das mit dem Leben nach dem Tod, das wollen Sie nun doch ein bisschen genauer wissen. Also, wir Christenmenschen denken uns das so:

Wenn Gott so ist, wie Jesus von ihm gesprochen hat, wenn Gott den Menschen – jeden Menschen – liebt, richtig echt liebt, dann geht es ihm mindestens so wie mir und wie Ihnen: Dann will er nicht, dass der so sehr Geliebte einmal plötzlich weg ist, einfach weg und mausetot ... Dann will ihn Gott für immer. Dann will Gott, dass er bei ihm ist und so ist wie er selbst. Und dann will Gott auch, dass mir zum Beispiel oder Ihnen zum Beispiel die Menschen, die uns lieb sind, nicht für immer genommen werden.

Deshalb, weil wir an einen solchen, an einen total liebenden Gott glauben, glauben wir daran, dass wir ewig leben und einander im

Sterben nicht verlieren. Und Sie können mir glauben: Wenn man das glaubt, dann macht das was mit einem! Dann geht unser Leben nicht einem Ende, sondern einem großen Ziel entgegen. Man lebt dann ab jetzt schon ewig, und das ganze Leben steht wie unter einem großen, lichtvollen Stern ...

Ja, Sie haben recht: Wenn der Mensch tot ist, ist er tot. Ganz tot. Da ist nichts, was den Tod überleben könnte, der Körper nicht, der Geist nicht, die Seele nicht ... Von Natur aus ist nichts, rein gar nichts an uns unsterblich; außer, dass die Atome, aus denen unser Körper zusammengesetzt ist, erhalten bleiben – Sie wissen schon: Energieerhaltungssatz. Aber ich sage ja auch nicht, dass der Mensch oder etwas am Menschen unsterblich ist. Wir Christenmenschen glauben nicht an die Unsterblichkeit, sondern daran, dass Gott uns in dem Augenblick, da wir gestorben sind, eine neue Art zu leben geben wird: nämlich die Daseinsart, die Gott selbst hat. Dass Gott das kann – also uns eine ganz andere Daseinsart geben –, das ist selbstverständlich nur dann möglich, wenn er der Urgrund allen Seins ist; und an einen kleineren Gott glauben wir nicht.

Wir werden dann, in der Daseinsart Gottes, anders da sein als jetzt. Aber wir werden wirklich als wir selbst da sein, ganz als wir selbst, mit allem, was wir sind und im Laufe des Lebens geworden sind. Im Kirchischen nennen wir das, was dann bei Gott sein wird, unsere „Seele". Aber *Seele*, das ist auch wieder so ein missverständliches Wort. Die kirchische Vokabel Seele meint mehr als die Psyche, in der die Psychologen herumkramen. Wenn ich sage, dass meine Seele bei Gott leben wird, dann meine ich damit, normaldeutsch ausgedrückt: Ich, der Reinhard, werde bei Gott leben. Ich, wirklich ich.

Und dass das so sein wird, das glauben wir im Übrigen auch von Leuten wie Ihnen. Denn, glauben Sie mir, wären Sie dann nicht auch bei Gott, würde mir gewaltig was fehlen! Ewiges Leben ohne Sie – das wäre für mich nicht der Himmel.

Wie es im Himmel ist? Wie es dann sein wird bei Gott, im ewigen Leben? Das weiß ich auch nicht. Woher auch! Trauen Sie bloß keinem, der Ihnen das ganz genau sagen kann! Wenn das einer ganz genau weiß, und womöglich noch dazu weiß, dass die einen in den Himmel kommen und die anderen in die Hölle – Klammer auf: Leute wie Sie vor allem, Klammer zu –, nun, Sie wissen ja, was man von dem zu halten hat! Ich jedenfalls „weiß" nur so viel: Bei einem solchen Gott kann uns nur das Schönste erwarten, was wir uns vorstellen können. Und weit, weit mehr, als wir überhaupt in der Lage sind, uns vorzustellen ...

Ich „weiß" freilich auch, dass wir dann erst einmal, bevor es so unvorstellbar schön werden wird, das große Heulen kriegen werden. Ich genauso wie Sie. Manchmal kriegen wir ja jetzt schon das Heulen! Nämlich immer dann, wenn uns mal wieder aufgeht, wie sehr wir aneinander vorbeigelebt und einander verletzt haben ... Aber dieses Weinen dann vor Gott und voreinander – im Kirchischen nennen wir es, wieder recht missverständlich, das *Fegefeuer* –, dieses Weinen also vor Gott und voreinander wird guttun, unvorstellbar guttun. Und dann, nach dem Weinen, dann wird alles gut sein, wirklich gut sein ...

Und selbstverständlich glauben wir auch von Jesus, dass er bei Gott lebt. Von ihm erst recht! Solch ein „Unicum" von Sohn hat Gott doch nicht totgehen lassen! Als er von ein paar Leuten, die wohl gerade Mondfinsternis im Herzen hatten, hingerichtet worden war, da hat ihn Gott aufgeweckt aus dem Totsein. „Aufgeweckt" – oder etwas feierlicher ausgedrückt: „auferweckt" – meint im Kirchischen: Gott hat ihn in seine göttliche Daseinsart hineingeholt. Und deshalb ist für uns

DAS KREUZ, AN DEM JESUS HÄNGT

nicht nur eine Erinnerung an seine Kreuzigung. Es sagt uns zugleich, dass er jetzt bei Gott ist. Und dass er folglich jetzt auch noch da ist. Derselbe Jesus, der damals gelebt hat; der Jesus, der damals in Jerusalem durch Kreuzigung hingerichtet worden ist – am 7. April im Jahre 30, wenn die Berechnungen der Historiker stimmen.

Sie wissen ja: Eine Sprache besteht nicht nur aus Wörtern. Jede Sprache redet auch in Bildern, in Wort-Bildern, also in bildhaften

Vergleichen, und in richtigen Bildern, in gemalten zum Beispiel oder in bildhaften Darstellungen. „Ein Bild sagt mehr als tausend Worte" – das ist im normalen Leben so, und das ist im Kirchischen so. Und das Kreuz ist ein sehr wichtiges Bild für uns Christenmenschen. Ich will mal versuchen, etwas von der Bildsprache des Kreuzes, an dem Jesus hängt, in die Wortsprache zu übersetzen, in die normale Wortsprache natürlich:

Das Kreuz sagt uns zum Beispiel, dass Jesus voll hinter dem stand, was er über Gott und über das Leben gesagt hat. Er hätte nämlich genug Gelegenheit gehabt, das alles wieder zurückzunehmen oder es doch wenigstens ein bisschen diplomatischer zu formulieren, als er merkte, dass die Leute mit der Mondfinsternis im Herzen Anstoß daran nahmen. Hat er aber nicht. Und warum nicht? Weil ihm Gott und weil ihm die Leute – gerade auch diese

Mondfinsternisleute – viel zu wichtig waren, als dass er das hätte tun können. Lieber hat er sich foltern und umbringen lassen, als dass er auch nur ein einziges Wort zurückgenommen hätte! Deshalb ist das Kreuz für uns ein Zeichen für die tiefe, aufrichtige Liebe, die Jesus zu Gott und zu uns Menschen hatte. Und weil er ja jetzt auch noch da ist, bloß anders – in göttlicher Daseinsweise, wie gesagt –, ist das Kreuz auch das Zeichen für uns, wie sehr er, zusammen mit Gott, uns immer noch liebt. Ich kann Ihnen nur sagen: Sich durch das Kreuz an der Wand daran erinnern zu lassen, das ist in manchen Stunden wie eine Erlösung! Gerade dann, wenn man sich aus Gram und Scham über die eigenen Fehlleistungen, sprich: Sünden, am liebsten verkriechen möchte ... *Erlösung* ist übrigens eine sehr wichtige Vokabel im Kirchischen, und jetzt können Sie sich auch vorstellen, warum.

Weiter: Das Kreuz sagt uns auch etwas über das Leid. Die Redewendung „Kreuz und Leid" kennen Sie ja. Und was sie meint, das kennen Sie sowieso. An „Kreuz und Leid" kommt nun mal keiner vorbei. Mancher hat sogar so viel davon, dass er kaputt geht daran! Wenn wir Christenmenschen auf das Kreuz blicken, an dem Jesus hängt, dann machen wir uns bewusst, dass wir alles tun müssen, was nur geht – Klammer auf: tun müssten, Klammer zu –, um Kreuz und Leid zu verhindern, zu beseitigen oder wenigstens zu lindern. Auch das hat etwas mit der sogenannten Nächstenliebe zu tun! Und wenn es uns selbst erwischt, dann kann uns das Kreuz, an dem Jesus hängt, sagen: Kein Kreuz und Leid, sei es noch so schwer oder noch so ungerecht, hat das letzte Wort – bei diesem Gott nicht!

Es gäbe noch viel mehr über das Kreuz zu sagen, an dem Jesus hängt. Viel, viel mehr. Und falls tatsächlich auch ein paar Christenmenschen dieses Buch bis hierher mitgelesen haben, wird der eine oder andere spätestens an dieser Stelle denken: Alles ein bisschen knapp, was der Körner da über unseren Glauben schreibt! Womit er ja recht hätte ...

Auf jeden Fall möchte ich Ihnen eins noch sagen – und da spreche ich aus der Erfahrung vieler Christenmenschen: Die tieferen Dimensionen des Kreuzes, an dem Jesus hängt, gehen einem erst dann auf, wenn man auf den Gekreuzigten schaut, nicht nur auf das Kreuz. Oder anders gesagt: wenn man mit ihm redet, mit diesem Jesus – ihm zuhört vor allem.

Und das geht. Genau so, wie es mit Gott geht. Weil Jesus genau so da ist, wie Gott da ist – und am nahesten innen, im Herzen. Sie merken schon, damit bin ich wieder bei der Vokabel beten und bei den Vokabeln Ohr und hören ...

Auf eine Vokabel muss ich in diesem Zu-
sammenhang auch noch zu sprechen kommen:
auf das kirchische Wort Dreifaltigkeit, oder,
mehr hochkirchisch ausgedrückt, Dreieinigkeit.

DREIFALTIGKEIT – EINE SCHWIERIGE VOKABEL

selbst für Christenmenschen! Ob Sie diese
Vokabel schon mal irgendwo gehört haben,
weiß ich nicht. Wenn nicht, dann kann das
daran liegen – muss nicht, aber kann! –, dass
auch die Leute, die Kirchisch ganz perfekt und
fließend sprechen, sie nur selten benutzen, jedenfalls sich kaum mal näher dazu äußern, was
sie eigentlich bedeutet. Viele sind nämlich der
Meinung, die Dreifaltigkeit bzw. Dreieinigkeit
Gottes sei für normale Christenmenschen sowieso nicht zu verstehen. Es gab sogar mal
einen, der am Dreifaltigkeitssonntag – das

ist immer der Sonntag nach Pfingsten – seine Predigt mit den Worten begann: „Liebe Gemeinde, die Dreifaltigkeit ist ein tiefes Geheimnis. Sprechen wir also heute einmal über die Mission in Papua-Neuguinea …" Lachen Sie nicht! Ich selbst habe diese Predigt gehört. Und das war zu einer Zeit, als ich, meiner persönlichen Einschätzung nach, doch eigentlich schon ziemlich gut nachdenken konnte und für eine Hinführung zu diesem „tiefen Geheimnis" durchaus aufnahmefähig gewesen wäre.

Also, ich versuche es mal mit dem Übersetzen. Natürlich auch wieder nur sehr kurz und knapp, aber dann wissen Sie wenigstens, worum es überhaupt geht.

Da muss ich zuerst wieder auf Jesus zurückkommen. Das hatte ich ja ohnehin vor, Sie erinnern sich. Jesus ist für uns Christenmenschen, so hatte ich Ihnen gesagt, der einzigartige Sohn Gottes, und „Sohn Gottes", das bedeutet für uns auch: Jesus ist Gott. – Ja, wir Christenmenschen glauben wirklich, dass Jesus Gott ist. Wieder Klammer auf: Jedenfalls sagen es alle Gottesdienstteilnehmer so im Glaubensbekenntnis, Klammer zu. Erwarten Sie aber nicht, dass ich Ihnen dafür jetzt Beweise bringe. Wie das mit den Beweisen ist, wenn es um Gott geht, das wissen Sie ja. Doch ich kann Ihnen gern die Argumente sagen, die wir für diesen Glauben haben; oder wenigstens das Hauptargument. Am besten, ich rede wieder ganz persönlich.

Auch ich glaube daran, dass Jesus Gott ist. Den Grund dafür habe ich Ihnen eigentlich schon genannt, als es um „Jesus, den Christus", den „mit göttlicher Weisheit Gesalbten" ging: Ich kenne keinen einzigen Menschen aus Vergangenheit und Gegenwart, von dem ich Größeres über Gott und das Leben gehört hätte als von Jesus, noch dazu so glaubhaft; weil er in seinem Charakter selber so war, wie er vom Charakter Gottes sprach. Nun füge ich noch hinzu: Das, genau das hat mich immer schon, immer wenn ich ihm zugehört und zugeschaut habe – via Bibel und im stillen, nachdenklichen Gebet –, zum Staunen gebracht. Und dann habe ich mich gefragt: Wie kann der so sein? Solch einen Menschen kann es doch eigentlich gar nicht geben! Wer ist dieser Jesus, wer ist er?

Ich gebe zu, die Antwort habe ich von anderen übernommen. Von denen, die sich damals, als sie Jesus erlebten, staunend vor dieselbe Frage gestellt sahen. Sehr verhalten, stammelnd eher, hatten sie zueinander gesagt: Der gehört irgendwie zutiefst zu Gott. Der ist ... Gott.

Ob ich von allein auf diese Antwort gekommen wäre, weiß ich nicht. Aber nachdem ich sie in mich hineingelassen habe, kann ich nur sagen: Würde ich nicht genauso antworten, hätte ich das Empfinden: Mein Denken über Jesus ist zu klein. Ja, irgendwie – irgendwie, ich weiß auch nicht wie – ist es wahr: er ist Gott ...

Mir ist klar, das ist mehr ein Argument des Herzens als des Verstandes, und wenn ich es hier ausspreche, dann ist mir sehr bewusst, dass ich mich damit weit aus dem Fenster lehne; normalerweise gibt man solche Gedanken, die größer sind und tiefer als die Gedanken des Verstandes, gar nicht preis. Klammer auf: Ach, wie ist es doch um so vieles leichter, einfach immer drauflos nur kirchisch zu reden! Klammer zu.

Aber ich wollte Ihnen die Vokabel Dreifaltigkeit/Dreieinigkeit übersetzen. Also: Wenn Jesus Gott ist, und wenn Gott, den Jesus mit „Vater" anredete, auch Gott ist – Jesus hat ja nicht zu sich selbst gebetet! –, dann ist der

„Urgrund allen Seins", das „große Geheimnis hinter allem Sein", das nicht kleiner sein kann als eine Person, nicht eine einzelne göttliche Person. Dann sind da mindestens zwei: Gott, der „Vater" also, und Gott, der „Sohn". Dann ist das Wort Gott so etwas wie der gemeinsame Nachname von zwei göttlichen Personen, von zweien, die – einander liebend – sich in allem ganz einig sind ...

Doch dann bleibt für den nachdenklichen Christenmenschen noch ein Problem: Sich ganz einig sein, ja miteinander eins sein, ist nur zu zweit noch unvollkommen.

Gewiss, was ich jetzt sage, gehört zur höheren Mathematik der Liebe, aber allein schon die menschliche Erfahrung lehrt uns doch, dass Liebende am tiefsten eins sind, wenn sie miteinander eins sind in der Liebe zu einem Dritten. Horchen Sie mal in Ihr Herz hinein, dann wissen Sie's. Und deshalb sagten schon bald, noch in den ersten Generationen, die Herzensnachdenklichen unter den Christenmenschen: Gott, der Urgrund aller Liebe, muss eine liebende Gemeinschaft von drei göttlichen Personen sein. Die dritte mit dem gemeinsamen Nachnamen Gott, die nannten sie *Heiliger Geist*. Diese drei zusammen, die sind der eine Gott.

Wie gesagt, vielleicht ist Ihnen die Vokabel Dreieinigkeit/Dreifaltigkeit, die tatsächlich schwer verständlich ist, bisher noch nicht begegnet. Aber dass die Christenmenschen sagen: „Im Namen des Vaters und des Sohnes und des Heiligen Geistes", das haben Sie vermutlich doch schon mal gehört. Viele Christenmenschen – Klammer auf: Ich wünschte, alle, Klammer zu – sagen auch das nicht nur so dahin. Sie sagen es, wenn sie beten, zu diesen Dreien hin, aus dem Herzen heraus; hin zu diesem einen Urgrund allen Seins, der eine liebend-einige

Gemeinschaft ist. Und das macht was mit ihnen, das können Sie mir glauben!

So, jetzt haben Sie eine ganze Menge Kirchisch gelernt. Jedenfalls so viel, dass Sie einigermaßen verstehen können, wie Christenmenschen ticken. Freilich, es gäbe noch viel mehr zu lernen. Wenn Sie wollen, tun Sie's! Aus anderen Büchern zum Beispiel. Oder reden Sie mal mit einem Christenmenschen! Vielleicht mit dem, der Ihnen dieses Buch – was ja nicht ganz unwahrscheinlich wäre – in die Hand gedrückt hat. Fragen Sie ihn einfach! Nicht bloß, was „Grüß Gott!" bedeutet oder warum er einen Fisch auf sein Auto klebt. Fragen Sie alles, was Sie sonst noch wissen wollen! Zum Beispiel, was Vokabeln wie Abendmahl und Kommunion bedeuten; oder welchen Sinn die Taufe hat, und so weiter und so weiter ... Aber lassen Sie nicht locker, bis er Ihnen, wenn auch stammelnd, auf Normaldeutsch antwortet! Das ist er Ihnen schuldig. Und Sie sind es wert.

Und falls Sie denken, Sie können sich die vielen Kirchischvokabeln sowieso nicht alle merken – eine Vokabel sollten Sie niemals vergessen. Sie besteht nur aus einer einzigen Silbe, hat

NUR ZWEI BUCHSTABEN

und ist doch so etwas wie das Grundwort jeder Sprache, des Kirchischen wie aller anderen Sprachen auch: *du*.

Wer „du" sagt, aus dem Herzen heraus, zu einem anderen hin – Klammer auf: und vielleicht auch mal, wenn er ins Staunen kommt, zum Urgrund allen Daseins hin, Klammer zu –, der wird im Laufe seiner Jahre auf jeden Fall – ein Mensch; ein echt normaler Mensch.